新版K式発達検査
反応実例集

中瀬 惇・西尾 博……編著

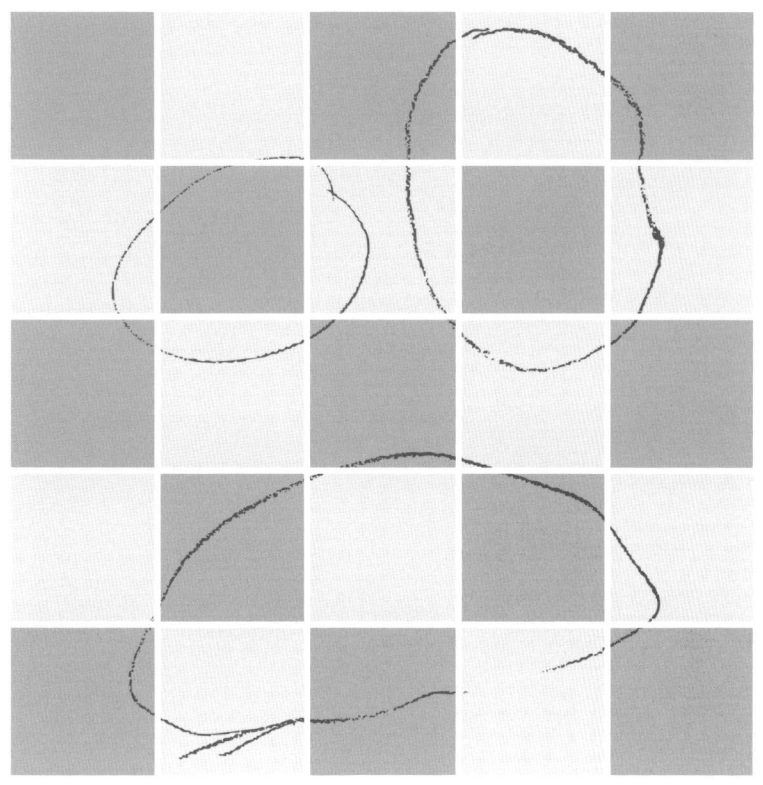

ナカニシヤ出版

序　文

　このたび新版 K 式発達検査の反応実例集が完成した。思い返せば，K 式検査の原形が作られてから，40 年の年月が過ぎ去った。新版 K 式発達検査として公刊してからでも，10 年以上が過ぎている。その間，検査をよりよくするため，地道な作業を続けてきた若い人たちに感謝している。

　1980 年に完成したのは，「実施手引書」と「検査用具」であり，1985 年 7 月には，詳しい解説書「新版 K 式発達検査法」を発行した。学術的には，標準化作業の資料，実施手引書，検査用具の 3 点を公表したので検査として一応完成したといえる。しかし，検査を公表することにより，公表された文献と用具だけを手がかりに検査を修得しようとする人たちが多くなってきた。検査の講習会も行なわれているが，時間的制約や被検者の確保の問題などで十分な講習は行ない難い。どうしても，ある程度独習で検査を学びたい人が増えている。そのため，検査の実施方法や判定方法について具体例の豊富な補助教材を要求する声がますます強くなってきた。

　子どもたちは手引書に書かれた正答例や誤答例通りの反応だけをするのではない。検査を身につけるために一番重要なのは，経験を積み，自分の体験の中から合格反応と不合格反応について実感を持つことである。そのうえで，検査の基本的な問題に立ち返り，子どもの反応の本質を考えて判定するのが一番正しい態度である。しかし，初心者にとって最初から経験を持つのは不可能である。そこで初心者への，検査の訓練に役立てるため，本書が企画された。しかし，ある程度の経験を積んだときに，「実施手引書」をもう一度読み返してもらいたい。必ずや自分の思い違いに気が付くであろう。自分勝手な間違った検査基準を作り上げてしまうのは，われわれもしばしば経験するところである。実例集のほかに標準的な検査場面を撮影した「視覚的教材」も必要だと考えているが，新 K 式検査が対象とする被検児の年齢幅が広く未だ完成していない。

　本書では，被検者である子どもの反応だけを抜き出して合否を問題にしている。しかし，検査への反応は，子どもだけで生じるのではない。子どもと検査者によって形成された人間関係の中から取り出されたものである。子どもが出来なかった（不合格）のではなくて，検査者が不合格の反応しか引き出せなかったのかもしれない。十分注意してほしい。本書が，子どもが持っている力を十分に発揮できる場面を設定できるように検査者の力量を磨く手助けになれば幸いである。

　数年前に，「京都市児童福祉百年史」が完成した。作業を通じ改めて感じたことは，京都が児童福祉の面でも先進的な役割を果たしてきた事実である。京都市児童院が創設された，1931（昭和 6）年当初から，産婦人科・小児科だけでなく心理の専門家も参加して，母親に対して妊娠したときから出産後まで一貫した診療と指導が行なわれていた。当時の京都市民には，児童院で生まれた人が多かったのである。ちなみに，心理指導に参加したのは大学を卒業と同時に赴任された園原太郎先生である。今日では常識となりつつある周産期医療に心理相談が加わった，より完全な形で周産期医療体制が作られていたことになる。心理部門では，当初から Bühler の検査が翻案使用されていた。K 式検査にも，京都市児童院の長い歴史的背景が蓄積されていることが分かる。京都市児童院も，1950 年には産科が分離移転して周産期医療から撤退した。また，1983 年

には，京都市児童福祉センターと改称され京都市児童院の名前が消えた。規模としては発展的解消であるが，同時に京都市児童院の古き良き伝統も消え去ったような一抹の寂しさも感じる。

　新版K式発達検査は，子どもの健やかな発達を育むためのものである。検査が，子どもの発達を阻害するために使われないよう，心から願って挨拶の言葉を終ろう。

1993年　吉日
嶋津　峯真

はじめに

　1950（昭和 25）年，京都市児童院において，生澤雅夫君の努力によって作成された「K 式発達検査」は，その後生澤君に若い人たちが加わって新たに標準化作業もやり直し，1980（昭和 55）年には「新版 K 式発達検査」として公刊した。幸い，この検査は好評をもって受け入れられた。

　「新版 K 式発達検査」は，初めに「検査用具・検査用紙・検査手引書」を公刊し，次に検査の成立や背景，標準化作業の内容と実際の臨床例などの詳しい解説書である「新版 K 式発達検査法」を 1985 年に出版した。しかし，この検査が広まるにつれ，検査の実際的な使用上の問題や，判定基準などについてもっと詳しい解説書が欲しいとの要求が強まってきた。そこで今回，これまでこの検査を中心になって使用してきた京都市児童相談所の心理判定員と，児童相談所の指導のもとに保育所と幼稚園に出張して「新版 K 式発達検査」を施行している童心会の皆さんの協力を得て詳しい反応実例集を出版することにした。この作業は，1986 年 7 月から，おおむね月 1 回の会議を開いて，皆が実際の検査場面で遭遇した問題点を中心に，初心者が陥りやすい問題点などにも配慮して作成したものである。

　この「反応実例集」は，子どもの具体的な反応を出発点にしたものであるから本書に完成ということがありえない。子どもたちが判定の困難な反応をするたびに新しく追加すべき内容が生じる。この本は完成品として出版するのではなく，現時点で検査を施行するときにもっとも間違いやすいような検査項目について，注意事項を記載し判定に迷う実例についてわれわれの統一見解を示すことに目的がある。それゆえ，これからも新たな問題に直面するたびに内容を追加していく必要があると考えている。読者諸氏も，そのような反応に直面されたときには，われわれにお知らせ願いたい。そのような多くの人の協力を得て，この検査をよりよく育てていただきたいと，新版 K 式発達検査の制作者を代表してお願いする次第である。

　先に述べたように，この本を作成するに当たっては，実に多くの人たちの貴重な経験が土台になっている。また，実例を反応として生成してくれた多くの子どもたちがあればこそ，このような実例集が可能であった。このような多くの人たちについて，ここでは到底いちいちお名前は記せないが，われわれの心からの感謝の意を表したい。

1993 年吉日，京都鞍馬口において
嶋津　峯真

編著者序文

　嶋津先生に序文をいただいてからすでに，8年の年月が経ってしまった。そのため，当初には予定していなかった編者の序文を作成して，この間の説明をする必要に迫られ，序文が重なる不手際をお許しいただきたい。序文に説明されているように，反応実例集を作成するための準備作業を始めてからでも，10年の歳月がたっている。全員の原稿を集めるのに時間が掛かり，その間には検査項目の担当を変更する必要が生じたり，著者が多く職場業務に追われるため，初校校正を回収するだけでも数年かかったこと。途中，編者の一人が多忙な職場に移り，編集作業を行う時間的余裕がなくなったこと，反応の実例を見やすく記載するためには，一般の図書作成とは異なった発想が必要となり編集作業が非常に難航したことなど理由は多い。

　本書は，実例集であるから，子ども達の生の反応を出来るだけ多く記載したいと考えた。検査に精通している人には，反応を羅列すれば十分理解を得られても，本書が対象と考えている初心者にとっては，検査を受けている子どもの姿と，その反応の様子を直接見なければ，反応の具体的な様子が分かりにくいという問題も生じる。検査の様子を説明するためには，一人の子どもの検査状況をそのまま示すのが一番良い。一方では，必要な項目について調べようとする読者には，異なった検査項目の反応を続けて説明したのでは，かえって混乱を招くだろう。具体的には，判定に困る反応に直面したとき，検査項目の合格・不合格を調べようとすると，検査項目ごとに実例をまとめて記載する方が分かりやすいからである。

　本来，検査を修得するためには，優れた検査者の元で実際の検査場面を通した実習を重ねることが望ましい。我々も，学生時代に京都市児童院で先輩達の検査場面を見学し，その後，実地に検査をしながら指導を受けて検査方法を身につけた。指導者の元で検査の実習をする機会を得にくい読者の便宜を考えて本書を作成したのだが，読者諸氏も積極的に機会を求めて出来るだけ実地に検査を見学したり指導を受ける機会を見つける努力を重ねていただきたい。

　検査内容の説明には，図示したり，写真を作成するなど，出来るだけ文章だけでなく目で見て理解できるように努力をしたが，一方，図や写真は，何処に焦点を当ててどのように見たらよいのか，経験の乏しい検査者には反って誤解を与える危険性もある。そのため，どうしても文章による説明が多くならざるを得なかった。

　新版K式発達検査には，324項目の検査項目があるので，反応実例集作成の準備作業に加わった者が，それぞれの得意な検査項目を分担して執筆することにした。しかし，著者が多くなると用語や記載内容の詳しさなど統一すべき部分も増加する，時間的な制約も考えて，全体の統一を図るために最終的には編著者が校正作業を行った。項目の意味や内容の説明などについて，加筆削除した部分もある。それ故，最終的な責任は編者にある。勿論，説明の方針，内容や文章について著者の原文を出来るだけ尊重した。検査項目の解説を丁寧に読んでみると，それぞれの著者の個性が表れていて興味深い。本書の終わりに著者名と著者の担当項目を一覧にして示しているので参照していただきたい。

本書は，姿勢の説明や指先の反応など，どうしても写真を見る方が分かり易いと考えた検査項目には，出来るだけ写真を用意した．父親が京都市教育委員会に勤務されている加藤暉君，小根田修也君，京都大学医学部付属病院小児科外来に通院しておられた松永公洸君，小西美穂さん，矢野明日香さん，石川晴美さん，畑段しず葉さんには，写真の撮影と掲載に快く同意して協力いただいた．ここにお名前を記して感謝の意を表したい．また，図形模写の反応例も小児科外来における筆者による検査から選び出した．その他多くの反応実例は，実例集を作成した我々が検査した多くの子ども達が示してくれたものである．京都市内や市外をも含めて多くの子ども達の協力を得たことになる．著者として名前を記載した方以外にも，反応を記録し報告していただいた方々は数多い．その他にも，検査の場を提供していただいた方など，数え切れないほど多くの方々にご協力をいただい結果の集積として反応実例集は完成した．それ故，旧K式検査の時代から，この検査を使用し，はぐくみ育ててこられた京都市児童院を中心とした多くの方々の，歴史といって良いほどの長い時間をかけた成果を総合した物に他ならない．ここでご協力いただいた方々すべての人達について，お名前を書いて感謝の意を表する余裕はとっていないが，このような事情を明らかにして，この検査に関わってこられた多くの皆さんに，心からの感謝を表したい．

　最後に，この度やっと作業が一段落して，前々から予定をし，数多くの場所で予告までしていた本書を出版できることになった．編者の一人として，口の中に刺さっていた小骨がとれた思いでもある．思い返してみれば，1931（昭和6）年に，全国で最初の周産期医療を統合した機関として創建された京都市児童院に，卒業と同時に就職し基盤作りに活躍された園原太郎先生も，解説書である「新版K式発達検査法」の序文をいただいたのが最後となり，1982年3月14日に亡くなった．京都の子ども達のために児童院のその後の発展を支え，新版K式発達検査の基礎作りにも貢献され，戦後の京都市児童院を名実共に確立し，院長として活躍されてきた嶋津峯真先生には，本書の序文を作成していただいていたのだが，我々の作業が遅れたため完成を待たず，1997年3月28日に亡くなった．大学の先輩でもある二人の先生方が，新版K式発達検査作成の節目に関係深いことも感慨深い．心からの感謝を述べると共にご冥福を祈り，本書を墓前に捧げたい．

2001年1月24日
編著者を代表して
中瀬　惇

目　　次

序　文　*i*

はじめに　*iii*

編著者序文　*v*

凡　例　*xi*

　（1）記載方法　*xi*

　（2）用　語　*xi*

　　1) 正中面（median line）　*xi*

　　2) フランクフルト水平面（Frankfurt Ebene）　*xii*

　　3) 手掌部位の名称　*xii*

　　4) TNR 姿勢　*xii*

　　5) 仰臥位（supine）　*xiii*

　　6) 伏臥位（prone）　*xiiv*

　　7) 伏臥位懸垂　*xiv*

　　8) 這い這い　*xv*

日齢計算表の作り方　*xvii*

　Lotus による作成方法　*xvii*

　Excel による作成　*xxii*

　付加説明　*xxii*

第 1 章　　新版 K 式発達検査使用上の注意　　　　　　　　　　　1

　1-1　新版 K 式発達検査の成り立ち　1

　1-2　本書の目的と構成　1

　1-3　検査使用上の全般的注意　2

　　（1）検査を実施する前に　2

　　（2）検査結果の取り扱い　3

　　（3）検査者の資格　3

　1-4　検査実施上の注意事項　3

　　（1）検査の流れ　3

　　（2）検査の速度　4

　　（3）子どもの安全確保　4

　　（4）検査の順序　4

　　（5）人見知り　5

　　（6）検査項目の繰り返し　5

（7）日常反応との食い違い　5
　　（8）使用する検査の選択　6
　　（9）検査施行の心構え　6

第2章　0歳児（検査用紙1〜2葉）の検査 ——————— 7

2-1　仰臥位の検査　7
　　（1）仰臥位の観察　7
　　　　1）子どもとの触れ合い　7
　　　　2）仰臥位姿勢のいろいろ　8
　　　　3）手掌の観察から「イナイ・イナイ・バー」へ　9
　　（2）仰臥位での検査項目　10
　　　　1）吊り輪の追視　10
　　　　2）吊り輪に対する腕と手の反応　10
　　　　3）ガラガラへの反応　11
　　　　4）鐘鳴らしへの反応　12
　　（3）仰臥位から寝返りへ　12

2-2　座位の検査　13
　　（1）仰臥位から座位へ　13
　　　　1）引き起し　13
　　（2）座位の観察　14
　　　　1）首の座り　14
　　　　2）座位の姿勢　14
　　（3）座位で行う検査　15
　　　　1）積木の連続提示　15
　　　　2）積木とコップ　17
　　　　3）小鈴　18
　　　　4）小鈴と瓶　19
　　　　5）鐘　20
　　　　6）紐付き輪　20
　　　　7）自動車　21
　　　　8）はめ板　22
　　　　9）描画　22

2-3　立位の検査　22
　　（1）独力では立てない子ども　23
　　（2）つかまって立ち上がる子ども　23

2-4　腹臥位の検査　24
　　（1）腹臥位懸垂（腹を下にした空中姿勢）の観察　25
　　（2）腹臥位の姿勢観察　25

2-5　自由姿勢の検査　27
　　（1）鏡に対する反応とボール　27

（2）対人反応　1　追視・注視　　28
　　　（3）対人反応　2　微笑・笑いかけ　　28
　　　（4）対人反応　3　発声　　29
　　　（5）対人反応　4　対人関係　　29
　　　（6）言語理解　　29
　　　（7）一人遊び　　31
　　　　　1）仰臥位の検査項目　　31
　　　　　2）腹臥位の検査項目　　31
　　　　　3）座位の検査項目　　32

第3章　1歳児以降（検査用紙 3～5葉）の検査 ——————— 33

　　3-1　姿勢・運動領域の検査　　33
　　3-2　机上の検査　　35
　　3-3　認知・適応領域の検査　　36
　　　（1）積木の検査　　36
　　　（2）記憶の持続　　39
　　　（3）課　題　箱　　39
　　　（4）は　め　板　　40
　　　（5）入　れ　子　　41
　　　（6）折　り　紙　　42
　　　（7）形　の　弁　別　　44
　　　（8）重さの比較　　44
　　　（9）図形の構成　　45
　　　（10）玉　つ　な　ぎ　　47
　　　（11）財　布　探　し　　47
　　　（12）コ　ッ　プ　　55
　　　（13）描　　　画　　56
　　　（14）人　物　完　成　　83
　　　（15）記　　　憶　　85
　　　（16）紙　　　切　　87
　　　（17）三角形置換　　89

　　3-4　言語・社会領域の検査　　90
　　　（1）数　　　唱　　90
　　　（2）文　の　記　憶　　91
　　　（3）比　　　較　　93
　　　（4）数　の　理　解　　96
　　　（5）概　念　操　作　　100
　　　（6）身体部位の理解　　101

　　　　　　　　　(7) 指 示 機 能　　103
　　　　　　　　　(8) 叙　　　述　　105
　　　　　　　　　(9) 日常的知識　　107
　　　　　　　　　(10) 筆　　記　　109
　　　　　　　　　(11) 語　　彙　　110
　　　　　　　　　(12) 文 章 作 成　　113
　　　　　　　　　(13) 了　　解　　115
　　　　　　　　　(14) 語 の 理 解　　118

引用文献　123
　　　人名・事項索引　125
　　　検査項目名索引　127
執筆者紹介　131

凡　例

　本書を使用するに当って最小限必要と考えることを，説明の記載方法や必要な用語等にまとめて説明する。

（1）記載方法

① 本書の中で，「　」で示したのはすべて検査者が子どもたちに声で語りかけるべき教示と，子どもたちの声による反応の例である。逆に言えば，検査項目を施行するに当って，実施手引き書と本書に「　」で指示された以外の声かけを検査中にすることは許されていない。

② 子どもの反応例を記載するときは，正答例を初めに書き，次に疑問の答え，最後に誤答例をまとめて書くことにしている。疑問の答えとは，再質問が必要な反応であり，誤答に再質問は許されない。

③ 検査項目の名前は，見出しでは"符号・番号　検査項目名"に統一しているが，文中では"検査項目名（符号・番号）"のように書くときと，"符号・番号（検査項目名）"のように記載しているときがある。また，説明の中で2回目以降では"符号・番号"だけで示したこともある。以下に，例で示す。

（例）

V 31　絵指示　4/6

　絵指示（V 31）の検査項目は，6つの絵の中から検査者に尋ねられた絵を，指で指し示すことが出来るかを調べようとしている。V 31（絵指示）に合格となるには，絵の内容理解だけでなくそれを検査者（他人）に指し示して教えようとする行動も含めて調べている。V 31 では，差し示す手掌と指の形も重要な意味をもっている。

（2）用　語

　乳児の姿勢を説明している用語には，いくつか一般的でない用語もあり，ここでまとめて説明をする。

1）正中面（median line）

　身体の左右対称面のこと。直立したとき，頭頂からそろえた足の中央にと鉛直に通る線を正中線とよび，正中線を含む面を正中面とよぶ。この面により，身体を左右に分けることが出来る。直立して立っている人の正面から矢が飛んで来てつきささるときの矢を含む鉛直な面を矢状面（sagittal plane）とよぶ。

　矢状面の中で正中線を通る面を矢状正中面とよぶ。一般には，この矢状正中面を正中面とよんでいる（図1）。

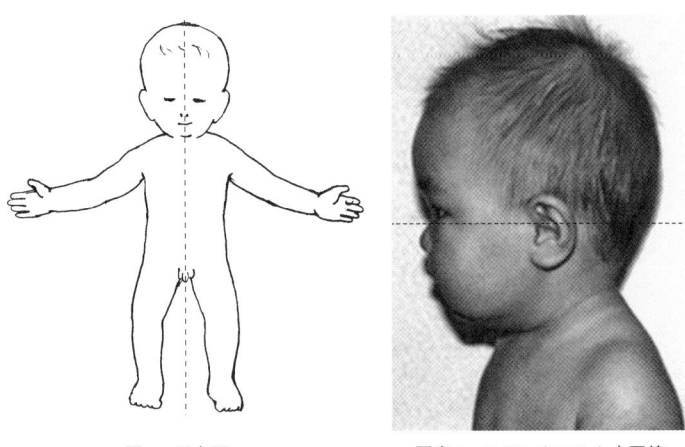

図1　正中面　　　　　写真1　フランクフルト水平線

2) フランクフルト水平面 (Frankfurt Ebene)

　頭蓋を正規の位置に保つときの基準になる水平面であり，眼窩の下縁最低点と外耳孔の上縁中点を結ぶ線のことである（写真1）。この線が水平に保たれているときを，頭蓋の正規の位置とする。

　この線はまた，ドイツ水平面，耳眼窩水平面または単に水平面などとよばれることもある。

3) 手掌部位の名称

　解剖学では，手掌の拇指のある側を橈側（トウソク）(radial)，小指側を尺側（シャクソク）(ulnar) とよぶが，新版 K 式検査では，分かりやすくするために，橈側を拇指側，尺側を小指側と表記している。

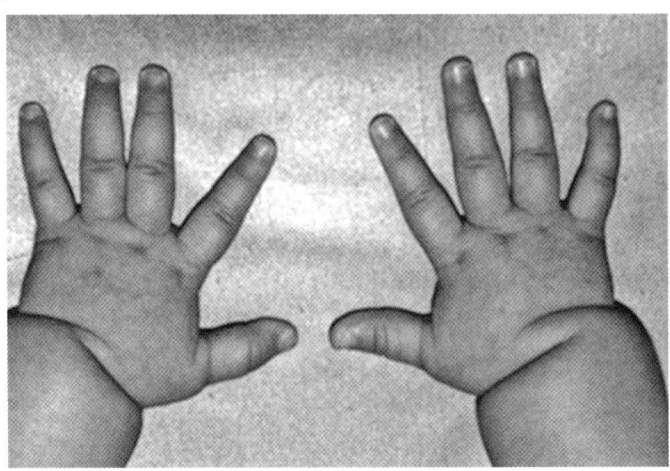

写真2　手掌　橈側と尺側

4) TNR 姿勢

　緊張性頸反射（tonic neck reflex）による姿勢のこと。緊張性頸反射には対称性の頸反射と非対称性の頸反射がある。そのうち新版 K 式検査で利用しているのは，非対称性の緊張性頸反射（asymmetrical tonic neck reflex）であり，ATNR 反射による姿勢といわれる。これは仰臥位で新生児の頭を回したとき，顔を向けた側の上下肢を伸展し，反対側（頭の後側）の上下肢を屈曲する反射をいう。以下，新版 K 式検査で TNR 姿勢と

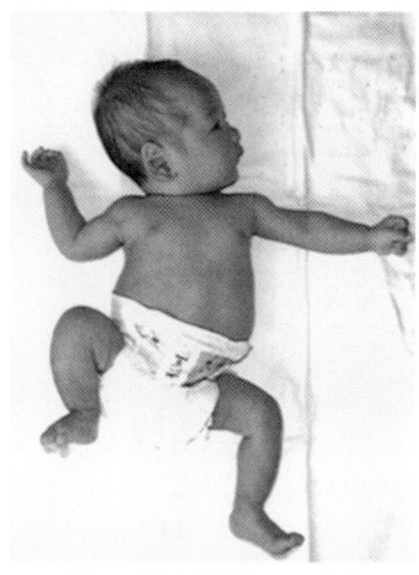 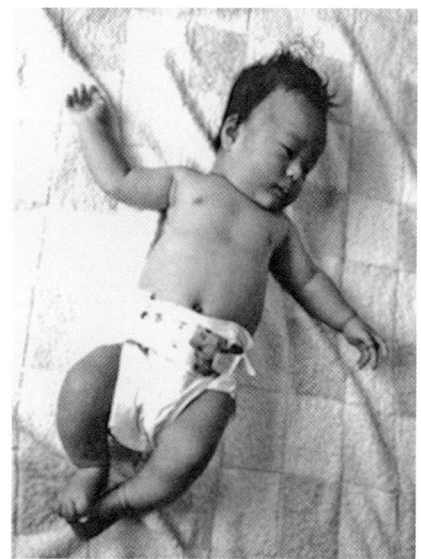

（1）1ヶ月児の典型的な ATNR 姿勢　　　　　　（2）3ヶ月児の ATNR 姿勢

写真 3　ATNR（非対称性頸反射）姿勢

典型的な ATNR 姿勢とは，写真（1）のように頭部を横に向けると，顔が向いた側の上肢と下肢は伸展し，反対側の上下肢は屈曲する。写真（1）（2）ともに頭部が向いた左側の上下肢は伸展し，右側の上下肢は屈曲している。手は軽く握っている。

いうときは ATNR 姿勢を意味している。

　なお，対称性の緊張性頸反射（symmetrical tonic neck reflex）は，伏臥位での空中反射として生じる。

5）仰臥位（supine）

　仰臥位は背臥位とも表現され，下図のように，背中を床に着けて仰向けに寝ている姿

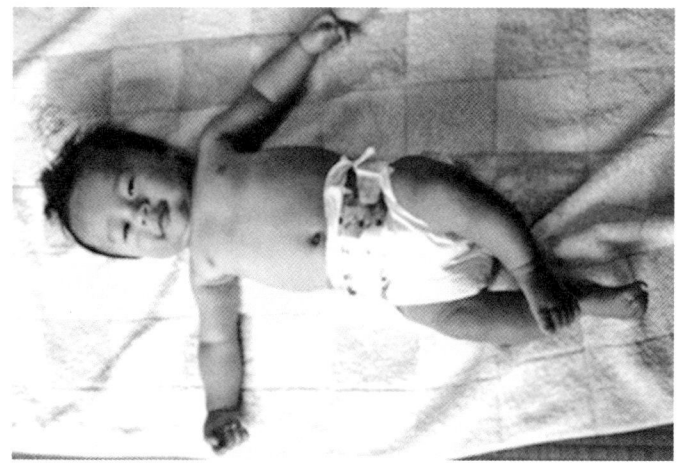

写真 4　仰臥位

勢を意味する。検査中は，畳やマットの上でもベッドの上でも，その種類は問わないが子どもの体重で身体が沈み込むような柔らかい布団などは避けるべきである。畳などある程度堅い水平な平面上で検査するのが望ましい。

6) 伏臥位（prone）

伏臥位は腹臥位とも表記され，下図のように，腹を床に着けたいわゆる腹這いの姿勢をいう。

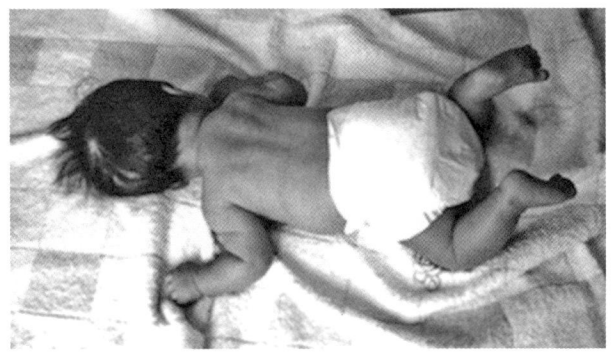

写真 5-1　伏臥（腹臥）位姿勢
頭を床に着けている。

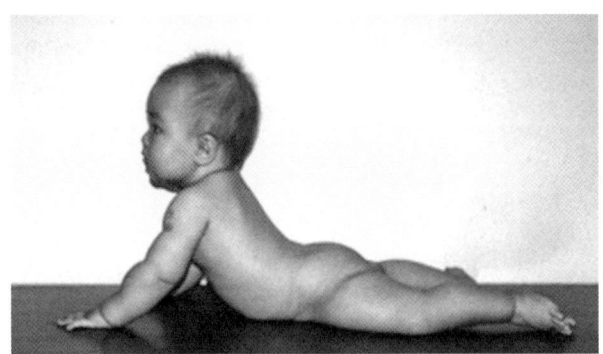

写真 5-2　伏臥（腹臥）位姿勢
手掌支持によって上半身を起こし，首を 90°に保持している。

7) 伏臥位懸垂

伏臥位の姿勢のまま，子どもの体側を持って空中に保った姿勢をいう。子どもが空中で自分の頭・体幹・脚をどのように保持できるかを調べる。通常の検査では，立位から

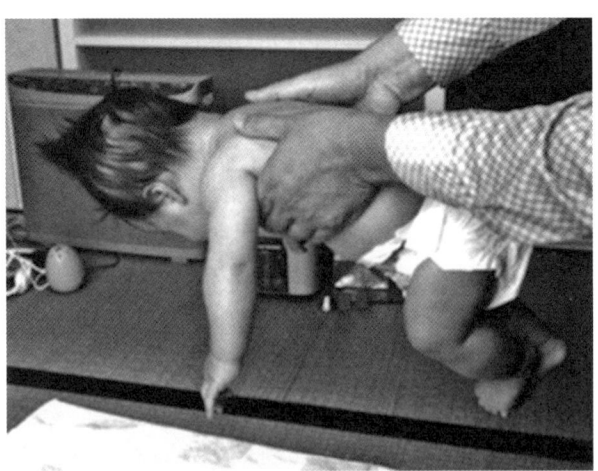

写真 6　伏臥位懸垂

仰臥位懸垂に移行し，そのまま床に降ろして伏臥位の姿勢を調べる。

8）這い這い

這い這いは，乳児の発達に伴い，腹を床に着けたまま主として手で床を押して移動する"ずり這い（creeping）"，手掌と膝を付いて体幹を浮かして移動する"四つ這い（crawling）"，上肢は手掌であるが下肢は膝も浮かして足で立つ"高這い"に分かれる。新版

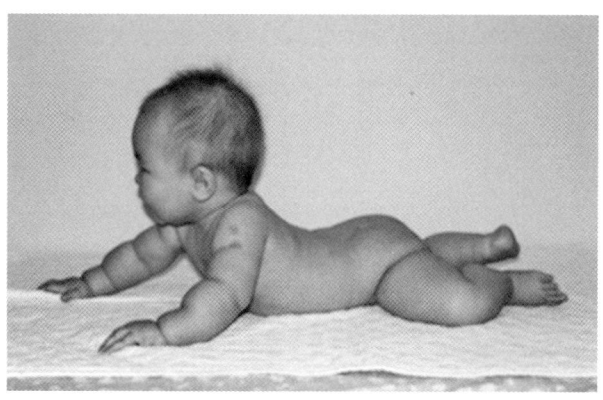

（1）ずり這い

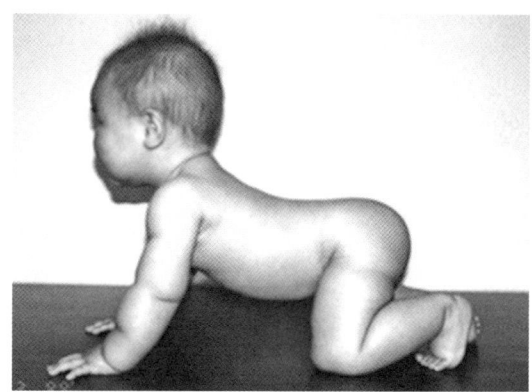

（2）四つ這い

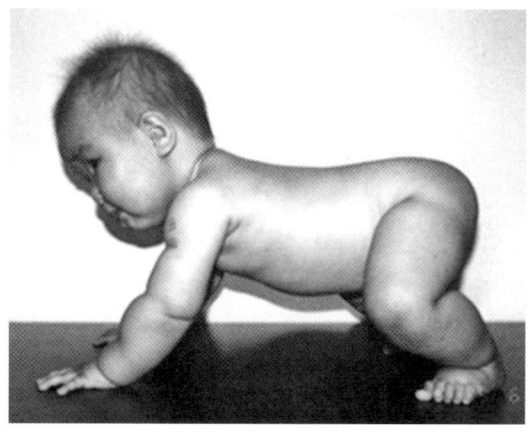

（3）高這い
写真7　這い這いの3段階

K式検査では，このように定義して用語の使用を統一している。しかし，一般的には，用語が英語・日本語とも混同して使用され，特に，腹這いはずり這いを意味して使用されることもあり，日本語と英語の対応も一致しているわけではないので用語には注意が必要となる。

日齢計算表の作り方

　新版 K 式発達検査では，年齢計算等すべてを電子計算機を使用して求めている。そのため，日常の検査においても日齢を使用して生活年齢を求めるように説明している。日齢計算表による方法は，初めは煩雑であるように思われるが，少し慣れるとかえってわかりやすく，簡便な方法であると考えているが，成書に印刷すると年の経過と共に基準にする年数から遠くなり，扱う数値が大きくなり計算が面倒である。また，乳児を対象に検査をする時には，極く近い年を基準にした表を作成しておくと，扱う数値が限りなく小さくなって計算に便利である。手引き書などを長年使用していると，年数が経つ内に日齢計算表の範囲を超えて，表が使用出来なくなることさえある。

　以上のような事情を考えると，自分で日齢計算表を作成するのが便利である。幸い，パソコンが身近になって，誰でもが表計算ソフトを利用できるような環境になっている。Lotus や Excel などの表計算ソフトは，日付関数により日数の計算が容易に出来る。簡単な計算であるから，説明をする必要もないように思うが，絶対番地の利用が条件になるので初心者のために，表計算ソフトによる日齢計算表の作成方法を詳しく説明しておく。これを利用して自分で適当な年を出発点にした表を適時作成して使用することにより，日齢計算は容易になる。ちなみに，筆者は乳児用，幼児用など複数の日齢計算表を作成して使い分けている。

Lotus による作成方法

(1) 計算の基礎となる表の作成

　日齢計算表を作成するためには，計算の基礎とするための，基礎表を作成する必要がある。基礎表としてここでは，20年分の表を作成することにする。その為に，3行 B 列から 23 行 N 列に図1に示す表を作成することにする。3行は1月から12月の月を記入する行に利用し，B 列は年号を記入する列として利用する。上と横に空白の行と列があるのは，説明のための文字などを適当に書き込んでおくための余白を残すためである。違う場所に作成したければ，真似をして文字と数値を適当に変更すれば，簡単に作成出来よう。

1) 月の行の作成

　3行に月の行を作成する。まず，3行 C 列のセルに 1 を書き込む。Lotus は自動的に数を加算し連続データを埋め込んでくれる。3行 C 列から 3行 N 列まで，横に範囲選択して埋め込み機能を使用すると，1, 2, 3, 4,………,12 と自動的に数値を埋め込んでくれる。図1, 2の月の行と年の列は，数値として計算に利用しているので月，年などの文字を付加してはいけない。

2) 年の列の作成

　B 列に年の列を作成する。まず，4行 B 列のセルに出発点とする年号を入力する。

	1	2	3	4	5	6	7	8	9	10	11	12
1991												
1992												
1993												
1994												
1995												
1996												
1997												
1998												
1999												
2000												
2001												
2002												
2003												
2004												
2005												
2006												
2007												
2008												
2009												
2010												

図1　日齢計算基礎表の作り方：年と月の枠組みを作成

ここでは，仮に1991年から始めることにするが，この数値は任意に変更しても，年数だけ合うように変更すれば，以下の説明にまったく違いはない．4行B列の数値を下方向に23行B列まで範囲指定して，同様に埋め込み機能を利用すると，数値は1つずつ加算され，23行B列に2010の数値が挿入されたはずである．

これで表の枠組みが作成され，1991年1月から2010年12月までの表が作成されたことになる．

3) 日付連番の作成

表の中に，表計算ソフトが所有している日数の数値（日付連番）を求めて挿入する．この場合は，1991年1月1日の日付連番であるから，4行C列のセルに@DATE（$B 4, C$3, 1）と書き込む．この意味を特に理解する必要はないが，（$B 4）年（C$3）月（1）日とは，4行B列が1991，3行C列が1月，最後が1であるから，1991年1月1日の日付連番を求めていることになる．その後は，4行C列に入力した関数をそのま

	1	2	3	4	5	6	7	8	9	10	11	12
1991	33239	33270	33298	33329	33359	33390	33420	33451	33482	33512	33543	33573
1992	33604	33635	33664	33695	33725	33756	33786	33817	33848	33878	33909	33939
1993	33970	34001	34029	34060	34090	34121	34151	34182	34213	34243	34274	34304
1994	34335	34366	34394	34425	34455	34486	34516	34547	34578	34608	34639	34669
1995	34700	34731	34759	34790	34820	34851	34881	34912	34943	34973	35004	35034
1996	35065	35096	35125	35156	35186	35217	35247	35278	35309	35339	35370	35400
1997	35431	35462	35490	35521	35551	35582	35612	35643	35674	35704	35735	35765
1998	35796	35827	35855	35886	35916	35947	35977	36008	36039	36069	36100	36130
1999	36161	36192	36220	36251	36281	36312	36342	36373	36404	36434	36465	36495
2000	36526	36557	36586	36617	36647	36678	36708	36739	36770	36800	36831	36861
2001	36892	36923	36951	36982	37012	37043	37073	37104	37135	37165	37196	37226
2002	37257	37288	37316	37347	37377	37408	37438	37469	37500	37530	37561	37591
2003	37622	37653	37681	37712	37742	37773	37803	37834	37865	37895	37926	37956
2004	37987	38018	38047	38078	38108	38139	38169	38200	38231	38261	38292	38322
2005	38353	38384	38412	38443	38473	38504	38534	38565	38596	38626	38657	38687
2006	38718	38749	38777	38808	38838	38869	38899	38930	38961	38991	39022	39052
2007	39083	39114	39142	39173	39203	39234	39264	39295	39326	39356	39387	39417
2008	39448	39479	39508	39539	39569	39600	39630	39661	39692	39722	39753	39783
2009	39814	39845	39873	39904	39934	39965	39995	40026	40057	40087	40118	40148
2010	40179	40210	40238	40269	40299	40330	40360	40391	40422	40452	40483	40513

図2　日齢計算表を作成するための基礎表（日付連番の表）

	1	2	3	4	5
1991	@DATE($B4,C$3,1)	@DATE($B4,D$3,1)	@DATE($B4,E$3,1)	@DATE($B4,F$3,1)	@DATE($B4,G$3,
1992	@DATE($B5,C$3,1)	@DATE($B5,D$3,1)	@DATE($B5,E$3,1)	@DATE($B5,F$3,1)	@DATE($B5,G$3,
1993	@DATE($B6,C$3,1)	@DATE($B6,D$3,1)	@DATE($B6,E$3,1)	@DATE($B6,F$3,1)	@DATE($B6,G$3,
1994	@DATE($B7,C$3,1)	@DATE($B7,D$3,1)	@DATE($B7,E$3,1)	@DATE($B7,F$3,1)	@DATE($B7,G$3,
1995	@DATE($B8,C$3,1)	@DATE($B8,D$3,1)	@DATE($B8,E$3,1)	@DATE($B8,F$3,1)	@DATE($B8,G$3,
1996	@DATE($B9,C$3,1)	@DATE($B9,D$3,1)	@DATE($B9,E$3,1)	@DATE($B9,F$3,1)	@DATE($B9,G$3,
1997	@DATE($B10,C$3,1)	@DATE($B10,D$3,1)	@DATE($B10,E$3,1)	@DATE($B10,F$3,1)	@DATE($B10,G$
1998	@DATE($B11,C$3,1)	@DATE($B11,D$3,1)	@DATE($B11,E$3,1)	@DATE($B11,F$3,1)	@DATE($B11,G$
1999	@DATE($B12,C$3,1)	@DATE($B12,D$3,1)	@DATE($B12,E$3,1)	@DATE($B12,F$3,1)	@DATE($B12,
2000	@DATE($B13,C$3,1)	@DATE($B13,D$3,1)	@DATE($B13,E$3,1)	@DATE($B13,F$3,1)	@DATE($B13
2001	@DATE($B14,C$3,1)	@DATE($B14,D$3,1)	@DATE($B14,E$3,1)	@DATE($B14,F$3,1)	@DATE($B1
2002	@DATE($B15,C$3,1)	@DATE($B15,D$3,1)	@DATE($B15,E$3,1)	@DATE($B15,F$3,1)	@DATE($B
2003	@DATE($B16,C$3,1)	@DATE($B16,D$3,1)	@DATE($B16,E$3,1)	@DATE($B16,F$3,1)	@DATE($
2004	@DATE($B17,C$3,1)	@DATE($B17,D$3,1)	@DATE($B17,E$3,1)	@DATE($B17,F$3,1)	@DATE($
2005	@DATE($B18,C$3,1)	@DATE($B18,D$3,1)	@DATE($B18,E$3,1)	@DATE($B18,F$3,1)	@DATE(
2006	@DATE($B19,C$3,1)	@DATE($B19,D$3,1)	@DATE($B19,E$3,1)	@DATE($B19,F$3,1)	@DATE(
2007	@DATE($B20,C$3,1)	@DATE($B20,D$3,1)	@DATE($B20,E$3,1)	@DATE($B20,F$3,1)	@DATE($
2008	@DATE($B21,C$3,1)	@DATE($B21,D$3,1)	@DATE($B21,E$3,1)	@DATE($B21,F$3,1)	@DATE($
2009	@DATE($B22,C$3,1)	@DATE($B22,D$3,1)	@DATE($B22,E$3,1)	@DATE($B22,F$3,1)	@DATE($B
2010	@DATE($B23,C$3,1)	@DATE($B23,D$3,1)	@DATE($B23,E$3,1)	@DATE($B23,F$3,1)	@DATE($B2

8	9	10	11	12
TE($B4,J$3,1)	@DATE($B4,K$3,1)	@DATE($B4,L$3,1)	@DATE($B4,M$3,1)	@DATE($B4,N$3,1)
TE($B5,J$3,1)	@DATE($B5,K$3,1)	@DATE($B5,L$3,1)	@DATE($B5,M$3,1)	@DATE($B5,N$3,1)
E($B6,J$3,1)	@DATE($B6,K$3,1)	@DATE($B6,L$3,1)	@DATE($B6,M$3,1)	@DATE($B6,N$3,1)
E($B7,J$3,1)	@DATE($B7,K$3,1)	@DATE($B7,L$3,1)	@DATE($B7,M$3,1)	@DATE($B7,N$3,1)
E($B8,J$3,1)	@DATE($B8,K$3,1)	@DATE($B8,L$3,1)	@DATE($B8,M$3,1)	@DATE($B8,N$3,1)
E($B9,J$3,1)	@DATE($B9,K$3,1)	@DATE($B9,L$3,1)	@DATE($B9,M$3,1)	@DATE($B9,N$3,1)
TE($B10,J$3,1)	@DATE($B10,K$3,1)	@DATE($B10,L$3,1)	@DATE($B10,M$3,1)	@DATE($B10,N$3,1)
TE($B11,J$3,1)	@DATE($B11,K$3,1)	@DATE($B11,L$3,1)	@DATE($B11,M$3,1)	@DATE($B11,N$3,1)
ATE($B12,J$3,1)	@DATE($B12,K$3,1)	@DATE($B12,L$3,1)	@DATE($B12,M$3,1)	@DATE($B12,N$3,1)
DATE($B13,J$3,1)	@DATE($B13,K$3,1)	@DATE($B13,L$3,1)	@DATE($B13,M$3,1)	@DATE($B13,N$3,1)
@DATE($B14,J$3,1)	@DATE($B14,K$3,1)	@DATE($B14,L$3,1)	@DATE($B14,M$3,1)	@DATE($B14,N$3,1)
@DATE($B15,J$3,1)	@DATE($B15,K$3,1)	@DATE($B15,L$3,1)	@DATE($B15,M$3,1)	@DATE($B15,N$3,1)
@DATE($B16,J$3,1)	@DATE($B16,K$3,1)	@DATE($B16,L$3,1)	@DATE($B16,M$3,1)	@DATE($B16,N$3,1)
@DATE($B17,J$3,1)	@DATE($B17,K$3,1)	@DATE($B17,L$3,1)	@DATE($B17,M$3,1)	@DATE($B17,N$3,1)
@DATE($B18,J$3,1)	@DATE($B18,K$3,1)	@DATE($B18,L$3,1)	@DATE($B18,M$3,1)	@DATE($B18,N$3,1)
@DATE($B19,J$3,1)	@DATE($B19,K$3,1)	@DATE($B19,L$3,1)	@DATE($B19,M$3,1)	@DATE($B19,N$3,1)
@DATE($B20,J$3,1)	@DATE($B20,K$3,1)	@DATE($B20,L$3,1)	@DATE($B20,M$3,1)	@DATE($B20,N$3,1)
@DATE($B21,J$3,1)	@DATE($B21,K$3,1)	@DATE($B21,L$3,1)	@DATE($B21,M$3,1)	@DATE($B21,N$3,1)
@DATE($B22,J$3,1)	@DATE($B22,K$3,1)	@DATE($B22,L$3,1)	@DATE($B22,M$3,1)	@DATE($B22,N$3,1)
@DATE($B23,J$3,1)	@DATE($B23,K$3,1)	@DATE($B23,L$3,1)	@DATE($B23,M$3,1)	@DATE($B23,N$3,1)

@DATE($B22,J$3,1)=39661

このセルは22行J列である。
　本文に説明したように，2009年8月はこの22行J列に求めている。
　分かり易く説明すると，2009年を22行B列に，8月を3行J列に指定しているので，22行J列には2009年8月1日の日付連番を求めていることになる。
　表1では計算式を呼び出しているが，普通画面上にはこの式が背後に入っているものと理解していただきたい。
　この関数が計算され，図2の対応セルには39661が表示されている。

図3　図2の各セルに埋め込まれている計算式

ま，23行N列まで範囲指定して埋め込み機能を利用すると自動的に計算式を挿入してくれる．

　念のために記載しておくと，1991年12月1日に相当する4行N列のセルには@DATE（$B 4，N$3，1），2010年1月1日に相当する23行C列のセルには@DATE（$B 23，C$3，1）が，2010年12月1日に相当する23行N列のセルには@DATE（$B 23，N$3，1）が書き込まれているはずである．

　言うまでもないことだが，作成した表中には図2に示したような表計算ソフトが計算した日付連番が自動的に計算されて表示されている．ここに書いた関数は，選択したセル（カレントセル）について，表の欄外，上部にある内容ボックスに表示されている．念のために，図2の各セルに埋め込まれている計算式を表示させると図3のようになっている．

（2）日齢計算表の作成

　日齢計算表は，別のワークシートを開いて作成してもよいが，ここでは，これまでに作成した基礎表（図2）の下に直接作成することにする．

　日齢計算表を30行B列から50行N列に作成することにして以下の説明をする．この表は，基礎表と行数と列数が同一の大きさが必要となる．

1）月を表示する行を作成する

　基礎表の時と同様，30行C列に1を入力し横に連続データを埋め込み，30行N列に12が入力されているようにする．基礎表の月の部分をコピーしても同じである．

2）年を作成する列を作成する

　基礎表作成と同様，31行B列のセルに1991を，50行B列のセルに2010を入力する．

　表を見易くするために，図3のように1991年や1月のように年や月をつけても良いがこの時は自動入力をしてくれない（新しいソフトは，この場合も自動入力するように改良されている）．

	1	2	3	4	5	6	7	8	9	10	11	12
1991	0	31	59	90	120	151	181	212	243	273	304	334
1992	365	396	425	456	486	517	547	578	609	639	670	700
1993	731	762	790	821	851	882	912	943	974	1004	1035	1065
1994	1096	1127	1155	1186	1216	1247	1277	1308	1339	1369	1400	1430
1995	1461	1492	1520	1551	1581	1612	1642	1673	1704	1734	1765	1795
1996	1826	1857	1886	1917	1947	1978	2008	2039	2070	2100	2131	2161
1997	2192	2223	2251	2282	2312	2343	2373	2404	2435	2465	2496	2526
1998	2557	2588	2616	2647	2677	2708	2738	2769	2800	2830	2861	2891
1999	2922	2953	2981	3012	3042	3073	3103	3134	3165	3195	3226	3256
2000	3287	3318	3347	3378	3408	3439	3469	3500	3531	3561	3592	3622
2001	3653	3684	3712	3743	3773	3804	3834	3865	3896	3926	3957	3987
2002	4018	4049	4077	4108	4138	4169	4199	4230	4261	4291	4322	4352
2003	4383	4414	4442	4473	4503	4534	4564	4595	4626	4656	4687	4717
2004	4748	4779	4808	4839	4869	4900	4930	4961	4992	5022	5053	5083
2005	5114	5145	5173	5204	5234	5265	5295	5326	5357	5387	5418	5448
2006	5479	5510	5538	5569	5599	5630	5660	5691	5722	5752	5783	5813
2007	5844	5875	5903	5934	5964	5995	6025	6056	6087	6117	6148	6178
2008	6209	6240	6269	6300	6330	6361	6391	6422	6453	6483	6514	6544
2009	6575	6606	6634	6665	6695	6726	6756	6787	6818	6848	6879	6909
2010	6940	6971	6999	7030	7060	7091	7121	7152	7183	7213	7244	7274

図4　表2に基づいて作成した日齢計算表

	1	2	3	4	5
1991	+C4..C4-C4	+D4..D4-C4	+E4..E4-C4	+F4..F4-C4	+G4..G4-C4
1992	+C5..C5-C4	+D5..D5-C4	+E5..E5-C4	+F5..F5-C4	+G5..G5-C4
1993	+C6..C6-C4	+D6..D6-C4	+E6..E6-C4	+F6..F6-C4	+G6..G6-C4
1994	+C7..C7-C4	+D7..D7-C4	+E7..E7-C4	+F7..F7-C4	+G7..G7-C4
1995	+C8..C8-C4	+D8..D8-C4	+E8..E8-C4	+F8..F8-C4	+G8..G8-C4
1996	+C9..C9-C4	+D9..D9-C4	+E9..E9-C4	+F9..F9-C4	+G9..G9-C4
1997	+C10..C10-C4	+D10..D10-C4	+E10..E10-C4	+F10..F10-C4	+G10..G10-$C
1998	+C11..C11-C4	+D11..D11-C4	+E11..E11-C4	+F11..F11-C4	+G11..G11-$
1999	+C12..C12-C4	+D12..D12-C4	+E12..E12-C4	+F12..F12-C4	+G12..G12-
2000	+C13..C13-C4	+D13..D13-C4	+E13..E13-C4	+F13..F13-C4	+G13..G13
2001	+C14..C14-C4	+D14..D14-C4	+E14..E14-C4	+F14..F14-C4	+G14..G1
2002	+C15..C15-C4	+D15..D15-C4	+E15..E15-C4	+F15..F15-C4	+G15..G
2003	+C16..C16-C4	+D16..D16-C4	+E16..E16-C4	+F16..F16-C4	+G16..
2004	+C17..C17-C4	+D17..D17-C4	+E17..E17-C4	+F17..F17-C4	+G17..
2005	+C18..C18-C4	+D18..D18-C4	+E18..E18-C4	+F18..F18-C4	+G18..
2006	+C19..C19-C4	+D19..D19-C4	+E19..E19-C4	+F19..F19-C4	+G19..
2007	+C20..C20-C4	+D20..D20-C4	+E20..E20-C4	+F20..F20-C4	+G20..
2008	+C21..C21-C4	+D21..D21-C4	+E21..E21-C4	+F21..F21-C4	+G21..
2009	+C22..C22-C4	+D22..D22-C4	+E22..E22-C4	+F22..F22-C4	+G22..G
2010	+C23..C23-C4	+D23..D23-C4	+E23..E23-C4	+F23..F23-C4	+G23..G2

	8	9	10	11	12
	J4..J4-C4	+K4..K4-C4	+L4..L4-C4	+M4..M4-C4	+N4..N4-C4
	J5..J5-C4	+K5..K5-C4	+L5..L5-C4	+M5..M5-C4	+N5..N5-C4
	6..J6-C4	+K6..K6-C4	+L6..L6-C4	+M6..M6-C4	+N6..N6-C4
	7..J7-C4	+K7..K7-C4	+L7..L7-C4	+M7..M7-C4	+N7..N7-C4
	8..J8-C4	+K8..K8-C4	+L8..L8-C4	+M8..M8-C4	+N8..N8-C4
	9..J9-C4	+K9..K9-C4	+L9..L9-C4	+M9..M9-C4	+N9..N9-C4
	J10..J10-C4	+K10..K10-C4	+L10..L10-C4	+M10..M10-C4	+N10..N10-C4
	J11..J11-C4	+K11..K11-C4	+L11..L11-C4	+M11..M11-C4	+N11..N11-C4
	+J12..J12-C4	+K12..K12-C4	+L12..L12-C4	+M12..M12-C4	+N12..N12-C4
	+J13..J13-C4	+K13..K13-C4	+L13..L13-C4	+M13..M13-C4	+N13..N13-C4
	+J14..J14-C4	+K14..K14-C4	+L14..L14-C4	+M14..M14-C4	+N14..N14-C4
	+J15..J15-C4	+K15..K15-C4	+L15..L15-C4	+M15..M15-C4	+N15..N15-C4
	+J16..J16-C4	+K16..K16-C4	+L16..L16-C4	+M16..M16-C4	+N16..N16-C4
	+J17..J17-C4	+K17..K17-C4	+L17..L17-C4	+M17..M17-C4	+N17..N17-C4
	+J18..J18-C4	+K18..K18-C4	+L18..L18-C4	+M18..M18-C4	+N18..N18-C4
	+J19..J19-C4	+K19..K19-C4	+L19..L19-C4	+M19..M19-C4	+N19..N19-C4
	+J20..J20-C4	+K20..K20-C4	+L20..L20-C4	+M20..M20-C4	+N20..N20-C4
	+J21..J21-C4	+K21..K21-C4	+L21..L21-C4	+M21..M21-C4	+N21..N21-C4
	+J22..J22-C4	+K22..K22-C4	+L22..L22-C4	+M22..M22-C4	+N22..N22-C4
	+J23..J23-C4	+K23..K23-C4	+L23..L23-C4	+M23..M23-C4	+N23..N23-C4

+J22..J22-C4=6422

このセルは 22 行 J 列である。

基礎表の 22 行 J 列のセルの数値 (39661) から基礎表の 4 行 C 列の数値 (33239) を引き算しているという意味になる (図 2 参照)。

したがって, 表中には "6422" が表示される (図 3 参照)

図 5　図 4 の各セルに埋め込まれている計算式

3）日齢計算表の数値を計算する

まず，1991年1月1日を示す31行C列のセルに＋C4..C4−C4と入力する。これも，意味を理解する必要は特にないが，念のために説明を加えると，基礎表のC4（4行C列）のセルの数値から基礎表のC4のセルの数値を引き算していることになる。31行C列の関数を50行N列まで範囲を指定して連続データを埋め込む。そうするとLotusが自動的に計算をして図4を作成してくれる。

念のために記載すれば，31行N列のセルには＋N4..N4−C4が埋め込まれ，50行C列のセルには＋C23..C23−C4が埋め込まれ，50行N列のセルには＋N23..N23−C4が埋め込まれているはずである。これは，絶対番地を使用することにより，基礎表のそれぞれの部分の数値から，基礎表の4行C列のセルの数値，すなわち，1991年1月1日の日付連番を引いていることになる。

この作業も，基礎表の場合と同様に，作成した表中には数値が表示されるだけである。計算式は，選択されているセル（カレントセル）について，上段の内容ボックスにしか表示されない。これも念のために，セルに隠れている計算式を全て表示すると図5のようになる。

4）表の印刷

これで表が完成したので，後は各自が自由に適当な表題をつけ，適当に罫線を引いて印刷すれば，自分独自の日齢計算表が完成する。

Excelによる作成

作成手順と計算式などの作成内容は全く同じである。

念のために記載すれば，番地の表記方法が，LotusではC4..C4と書くのに対して，ExcelではC4：C4と書く以外に相違はない。この違いも，どちらの書き方をしても表計算ソフトが自動的に修正してくれる。

付 加 説 明

蛇足のようではあるが，検査場面でパソコンが使用できる環境では，直接，日数の計算をするのが最も簡明である。

例えば，E4のセルに検査日，E5のセルに生年月日を記入しE6に日齢を求めたいなら，E6に＋E4−E5と記入すれば日齢を計算してくれるし，検査日当日に使用するなら，E4に@TODAYと記入しておき，E6に前と同様＋E4−E5と記入しておけば，E5に生年月日を入力するだけで自動的に日齢が計算される。

第1章　新版 K 式発達検査使用上の注意

1–1　新版 K 式発達検査の成り立ち

　新版 K 式発達検査（英文名，Kyoto Scale of Psychological Development，以下，新 K 式検査と略記する）を最初に公刊したのは，1980 年 6 月であった。その後 1983 年 8 月には，検査の適用上限年齢を 6 歳から 12 歳までに広げ，採点方法も改良して，検査結果を領域別に計算できるように改め，増補版の名前で発表した。検査に使用している絵の大きさを改めたり，絵を新たに描き直したり内容も若干変えている。

　新 K 式検査は，「実施手引書」（以下，手引書と略記する）・「検査用具」・「検査用紙」・「新版 K 式発達検査法」（検査の標準化と使用法などについての詳しい解説書，以下，解説書と略記する）の四つで構成されている。今回それに，「新版 K 式発達検査反応実例集」（以下，実例集と略記する）が加わることになった。検査の実施方法は，手引書に記載されているが，初めて新 K 式検査を使う人にとって，手引書の記述だけでは，子どもの反応を見て合格・不合格を判定するのが難しいという声が多かった。また，子どもの具体的な反応例を知ることは，検査について理解を深めるために役に立つと考えた。検査が広く利用されるようになると，制作した我々が想像もしなかったような誤解が生じている例を見る機会もでてきた。手引書にも実例を示して合格・不合格の説明をしているにも関わらず，検査項目の内容に勝手な解釈を加えて独自の誤った採点を合理化しようとする使用者まである。そこで，手引書を補うために具体的な反応例を豊富に集めた実例集を出版することを計画した。実例集は子どもの反応を判定するときの参考であって，実例集の記載を機械的に当てはめるのではなく，手引書に記載した判定基準の意味を十分理解するための補助であることを忘れないでほしい。

　心理検査は，検査を作った人，検査をする人，検査を受ける人，検査を生かす人など多くの立場の人達が参加して成立している。検査は，決して，検査者だけで成り立っているのではなく，検査者と被検者との会話である。検査結果は，検査の作成された歴史的な背景に加えて，検査者と被検者である子どもとの相互関係の中で得られた一つの結果にすぎない。それゆえ，検査結果は，ただ単に子どもの持っている力を反映しているだけではない。検査者の力量の反映でもある。検査の解釈をするときにも，このように多くの立場の人達の関係の中で検査が成立していることを忘れないでほしい。

1–2　本書の目的と構成

　実例集は，手引書の記載だけではその内容がわかりにくいところを，具体的な子どもの反応例を記載することによって理解を容易にし，検査者による判定基準の食い違いをなるべく少なくしようとするものである。そのために，必要に応じて手引書に述べた"手続""再質問""判定基準"などの内容も具体的な反応例をあげて説明する。

　実例集では，以下，次の方針で解説する。

① **正答例，誤答例を子どもの反応から選び出して体系的に示し，判定基準の理解を助ける。**

　手引書にも，必要に応じて典型的な正答例・誤答例を記載してある。言葉で説明するより，実例をあげる方が理解しやすいこともある。そのような見地から，本書では，理解を助けるために，実例を出来るだけ多く記載することにした。典型的な正答例と，典型的な誤答例を，必要と思われる検査項目については，出来るだけ多く用意した。

② **正答と誤答の境界反応例を集め，正答・誤答の判断を示すことにより，判定基準を具体的に例示する。**

　はっきりとした正答と誤答の間には，中間的な反応が無限といってもよいほど多く存在する。ここでは初歩的な検査者のために中間例の判定結果をできるだけ多く集めその判定を示しておく。読者も既に体験しておられるように，子どもの反応には，個人差があり，また，子どもの生活環境も時とともに変化していく。そのため検査に熟練している者でも戸惑うような，新しい反応に直面することもある。それゆえ，実例だけを機械的に当てはめた検査をするのでなく，判定基準の考え方をよく理解して応用ができるようになってほしい。また，すべての実例を集めることは不可能でもある。

③ **子どもの反応のうち，正答の前段階にある反応例をできるだけ明らかにする。**

　子どもの反応について，正・誤の判定が難しく，判定基準の書き方があいまいだと思われる場合があるかもしれない。しかし，よく調べると，その反応が正答に達する前段階にしばしば見られる反応形であることも多い。このような反応は誤答ではあるが，子どもの発達がその項目を通過する直前の段階にきていることを教えてくれる。言いかえれば，その反応は正答ではないが，まもなく正答が出来るようになる一歩手前にいるわけである。

④ **0歳児の検査（検査用紙第1葉・第2葉）について。**

　0歳児の検査項目について，検査項目を一つずつ分けて反応例をあげるのは，かえって全体として見通しをつけにくくすると思われるので，実際に検査を実施する順番に従ってまとめて記載し，注意すべき要点を説明することにした。

1-3　検査使用上の全般的注意

(1) 検査を実施する前に

　反応の実例を示すのに先立って，検査を実施する時に心得ておくべき事項について説明しておこう。手引書Ⅱ-1の実施上の注意を補うものである。

　新K式検査は，Binetの検査を出発点に，GesellやBühlerなどの検査を下敷きにして作られている。厳密にいえば，それぞれの原典についての知識，心理検査の考え方，さらには統計的方法についての知識も必要である。

　新K式検査の修得は，手引書とこの実例集さえあれば十分だと考えないでほしい。手引書と本書とは，あくまで検査方法を習得するための第1段階であって，最終段階ではない。最初は熟練者の指導を受けながら実地の経験を積み，手引書と本書を読み返し，解説書なども調べてはじめて熟練者となりうるのである。検査をする時には，新K式検査に限らず，検査場面で子どもが十分に実力を発揮した結果を判定するのだということを忘れないでほしい。このためには，子どもが過度に緊張したり，不安を持ったりすることのないような雰囲気作りの出来る検査者になってほしい。

(2) 検査結果の取り扱い

　検査を実施すれば，検査結果を報告する義務が生じる。検査によって得られた発達指数そのものや，個々の検査項目についての反応内容や正誤（合格，不合格）をそのまま伝えることはすべきでない。検査に示された子どもの反応の意味をよく考えて，相手（ふつうは保護者）に分かり易く説明をする必要がある。検査結果を報告するとは，検査結果の解釈をすることにほかならない。

　検査結果の解釈と活用のしかたについては，解説書の第Ⅳ部「発達診断の理論と実際」を参考にしてほしい。そこには各種の事例についても説明してある。

(3) 検査者の資格

　日本では大抵の薬が町の薬局で簡単に購入出来るのと同様，心理検査はだれでも購入して使用することが可能である。現在のところ，心理検査の使用資格に法律的・倫理的規定はなく，外国に比べて心理検査が安易に使用されているといわれる。心理検査は，本来専門家の使用を前提に作られている。精密な診断ができる検査ほど，使用には高度の専門性が要求される。心理検査の弊害といわれるものは，検査の安易な使用や検査者の未熟に起因していることが多い。近年，心理の専門家についても公的な資格が必要であると考えられ，1990年から日本心理学会が認定心理士の制度を発足させるなど，多くの関連資格が模索されているが，現在はまだ法律的な資格ではない。将来は，公的な資格が整備されることが望まれる。

　子どもの発達状態を精密に検査しようとする新K式検査は，当然，熟練した専門家の使用を前提に作成されている。発達心理学者や小児科医など，子どもの発達についての専門家や指導者のもとで習熟してから使用するのが望ましい。

　発達心理学についての専門的知識とは，基礎的な心理学（心理学研究法や統計学などを含む心理学）についての知識を前提にしているのはいうまでもない。いいかえれば，心理学全般の知識に加えて，子どもの発達についての知識なしに，発達検査の実施方法だけを修得することは不可能なのである。

　一方，子どもの発達や心理検査の専門家と自認している人達の中に，新K式検査を安易に考え，手引書を熟読せず，検査項目名や検査用具を見て自分勝手な検査をする者が散見されるが，これは論外である。現状では，認定心理士に加えて臨床発達心理士を取得した人が良いと筆者は考えている。

1-4　検査実施上の注意事項

(1) 検査の流れ

　子どもを検査するとき，子どもの反応のしかたやリズムにあわせて次々と検査項目を実施していくこと，つまり検査の流れが重要である。対象児が年少であるほど，また，情緒的な問題をもっている子どもほど，このことはより重要となる。

　情緒障害児や0歳児の検査でも，検査用紙への記入は大変重要なのであるが，この記入作業が，検査の流れを中断し阻害してしまうことがある。そのような場合，記録を優先して検査の流れを中断するのは避けたほうがよい。極論すれば，検査項目の一つ一つを丁寧に記入して完全な検査記録（検査項目に漏れのない検査記録）を作るため，子どもとの心理的な繋がりがとぎれるよりも，一つくらい検査項目に実施漏れがあっても，全体の検査がうまく流れ，子どもが生き生きとよく反応している検査の方が望ましい。慣

れてくると，検査の記録はある程度まとめて記入することもできる。もちろん，子どもがよく反応し，記録も完全で検査項目に実施漏れがないのが理想である。

(2) 検査の速度

検査の流れをよくするとは，検査を急ぐことではない。子どもは，それぞれ固有の精神的な速度やテンポをもっている。素早い検査が必要なこともあるし，ゆったりとした検査が必要なこともある。検査者自身のテンポを押しつけてはいけない。あくまでも，子どものテンポに合わせるべきである。

検査をゆっくりすることと，ある検査項目と次の検査項目の間に不必要な間を取ることとは別である。素早い検査の時はいうまでもなく，ゆっくりとした検査の場合でも，検査者は，子どもがある検査項目に反応しているときに，前もって次に実施すべき検査項目を決め，必要な検査用具を用意しておくべきである。ある検査項目から次の検査項目へ，反応がとぎれずにうまく連続するのが望ましい。

これと関連して，検査においては無駄な設問は避け，出来るだけ検査全体の所要時間を短くすべきである。具体的には，検査項目の中に小問題が含まれているとき，合格基準が 2/3 であれば，初めの二問に誤答であれば，もうその検査項目に合格することはない。また，初めの二問に正答であれば，その時点で検査項目に合格となる。いずれにしても三番目の小問題を施行する意味はない。この様なとき，三番目の小問題を施行して無駄な時間を使用し，検査全体の所要時間を伸ばすのは良くない。この場合，三番目の小問題は，初めの二問の内一方で正答，一方で誤答になり，子どもの正答が 1/2 になったとき，検査項目に合格とするか不合格とするかを決めるために必要な問題として用意されていることを忘れないで欲しい。

(3) 子どもの安全確保

検査を行うには，検査の流れと速度が重要であるが，同時に十分に注意しなければいけないのは，検査対象児の安全に対する注意の問題である。以前，標準化資料を収集していたとき，乳児研究の専門家というふれこみで来た，大学院を修了して大学での非常勤講師も経験している女性が，首から金属で出来た大きな曲玉がいくつも付いた首飾りと腕輪をして検査会場に現れ，そのまま乳児の検査を始めようとしたのを見て驚いたことがある。余談ながら，その後，その研究者の研究が信用できなくなったことを思い出す。対象が乳児の場合には，腕輪はいうに及ばず腕時計を外すことも常識の範囲であろう。本来，このような説明はしたくない。このようなことを指摘されなければわからないような検査者は，検査者としての基礎資格がないというべきであろう。

子どもの安全確保について，検査項目の中で気が付いたときには，随時，説明を加えているが，全てを書き尽くすことは不可能である。検査の開始から終了までを通して，子どもの安全にまず配慮することが最優先されるのはいうまでもない。特に乳児の場合，首の支持が不十分な子どもの首の支持の問題，ベッドで検査しているとき落ちないように見守る注意持続の問題，小さい検査用具などを口に入れないように注意する等，検査者が注意すべき課題は多い。

(4) 検査の順序

0歳児の検査では，検査を受ける子どもの姿勢を子どもに無理がないように順を追って変化させる必要があり，この観点から検査の実施順序が決定されている。ただし，自

由姿勢の検査は，検査項目に反応する子どもの姿勢が特定の姿勢に限定されていない。それゆえ，いろいろな姿勢の検査を実施している時に，適時，検査項目を挿入して実施・観察すればよい。

検査の順序が指定してある検査項目も，その指定は検査の流れを考えて，一番自然な順序に並べただけであり，項目の順序に特別の意味があるわけでない。特定の姿勢を嫌がるなど，子どもの状態によっては，検査の順序を適宜入れ替えてよい。ただ，入れ替えるのは，子どもの特別な状態に対応するためだから，その理由を記録しておくことが大切である。単なる思い付きや，検査者の都合で順序を変更するべきではない。

（5）人見知り

0歳児も6ヶ月を越すと人見知りが激しくなり，検査が困難になることがある。1歳6ヶ月頃や3歳児などでも，同様の問題が生じることは珍しくない。また，母親との分離困難もよくある。このような時，母親の膝に座らせて検査するとよい場合がある。特に，0歳児の検査では，子どもを母親の膝のうえに座らせて検査することに神経質になる必要はない。しかし，母親は，意図的であると意図的でないとにかかわらず子どもの反応が容易なように身体の位置を移動させるなど，さりげなく子どもに助力する。検査者としては，母親の動きにも十分な注意を払う必要が生じる。

子どもを検査している時，母親の態度も観察しておくことは，検査結果の判定に有効であるし，検査終了後の母親との相談にも役に立つ。

（6）検査項目の繰り返し

第3葉以後（1歳児以降）の検査項目では，課題の提示回数などは厳密に決められている。しかし，0歳児の検査では，子どもの反応水準を知るために，反応が出るのを待ったり観察場面を再設定したり，検査を何回か繰り返さなければならないことがよくある。特に，反応の出にくい子どもでは，繰り返しの回数が増加する。このような時，発達心理学ではよく知られていることだが，子ども（特に0歳児）に，検査事態への慣れ（habituation）が発生することにも注意してほしい。慣れは，子どもに検査刺激への興味を減少させ，われわれが調べたい反応を生じ難くする。慣れをふせぐには，同じ検査項目を続けるより，必要に応じて十分な時間間隔を取って再度実施した方がよいことも多い。

（7）日常反応との食い違い

新K式検査に共通する注意事項であるが，特にV26b（算数的推理）などの問題で注意を促したいのは，幼児や低学年の小学生にこの項目を施行する時，検査者が対象児の年齢に合わせて検査項目の内容を理解し易いように，かみくだいて丁寧に説明しがちなことである。V25（釣銭）などは，7歳用の課題であるから，丁寧に易しく説明してあるが，V26bは10歳用の課題であるから，説明する言葉使いも，検査者の態度も小学校上級生に対する態度と説明で十分なのである。検査をしている対象児に判らせようとして説明を分かり易いように変えることは厳につつしまなければならない。

検査をしている時，母親や付添の先生などから，「そのようなことは，家（あるいは，幼稚園・学校等）でいつもやっている」と言われることがよくある。それは，その項目に合格しているという訴えにほかならない。心理検査について知識のない人の気持ちとして，もっともな発言に聞こえる。一方では，検査者が設定した課題に対して母親が「そんなことはまだ出来ません」ということもある。ところが，結果としては子ども

が反応に成功し「家ではしていないのに，ここでは出来るのですか」とか「こんなことが出来るとは知りませんでした」という場合もよくある。いずれにしても，予見を持たずに検査項目を実施してみることが大切である。

　検査用紙第3葉あたり以降に出てくる検査問題は，日常生活の中でどのようなことが出来るかを調べているだけではない。被検者である子どもが課題場面をどのように理解し，それに対してどのような課題解決の方法が取れるかを調べようとしている。それゆえ，日常よく出来ることが検査場面で出来ないときには，「なぜ出来ないのか」とその理由を調べることが重要になる。日常生活での行動を知ることが重要である項目は，手引書に聴取項目として説明してある。それ以外の検査項目について，必要に応じて日常行動の聴取をしてもよいが，それはあくまでも参考に留め採点の対象にするべきではない。

　0歳児の検査では，特に断わっていなくても，子どもが持っている機能の最高水準を調べようとしている。この場合には，子どもが日常できる最高の行動が行なえるような状況を作ってやることが特に大切である。聴取に頼る時には，子どもの人見知りによるとか，課題からの逃避によるとか，検査者の課題設定の不適切さによるとか，そうせざるをえなくなった条件をふくめて詳しく記録する必要がある。

　聴取に頼ることは，新K式検査の特長を消すことである。親からの聴取だけで成立しているほかの検査を使用するのと変わらなくなる。新K式検査を使用する時には，子どもの反応を直接観察するように努めなければならないし，次に述べる使用検査の選択に関係する問題でもある。

(8) 使用する検査の選択

　心理検査については，いうまでもないことであるが，「なぜ検査をするのか」，検査が必要であるとすれば「どのような検査を選択するのか」，この二点を決定することが何よりも重要である。

　たとえ発達検査をすると決めたとしても，どの検査を使用するのがよいか，よく考えることが重要である。新K式検査で発達の全てがわかるわけではないし，まして子どものすべてがわかるのでもない。目的や子どもの状態に関係なく，自分の使える検査を機械的に実施するような態度は改めねばならない。

(9) 検査施行の心構え

　新版K式発達検査も，発達検査であるから，検査項目には正答と誤答がある。検査者は子どもの反応を調べて，客観的に正答と誤答の判定をしなければならない。この子どもは正答が得られるはずだ等と，検査者の気持ちを反映してはいけない。このような検査の施行方法は客観的な検査態度とは言えない。

　また，子どもの反応の正誤にこだわる検査者もある。子どもの反応の正誤に一喜一憂するような検査者である。子どもの正答を誉めたり，喜んだりしてはいけない。子どもの誤答を残念がったり叱ったりすることも許されない。子どもの反応の正誤は一切教えるべきではない。検査項目の正答を教えるのも良くない。それゆえ，子どもが一生懸命反応したときには，たとえ，その反応が誤答であっても，共に喜び，励ましてやるべきである。雑な反応には，正答であってももっとしっかりやるように声をかけてやればよい。上手に相手をしてやれば，どのような反応をした子どもも皆，全部出来たと意気揚々と終了するはずである。このような検査者の態度こそ，望ましい。

　新K式検査の良いところは，特に乳幼児の検査では，子どもは，検査されたのではなく，楽しく遊んで貰ったと思っているところにある。

第2章　0歳児（検査用紙1～2葉）の検査

　この章では，検査用紙第1葉と第2葉にある検査項目の実施方法と判定方法について，まとめて説明する。かならずしも手引書の区分に従っていない。理由は，次の二点である。第一に，0歳児の検査項目では，所定の検査場面における子どもの行動や動作を観察して，一連の項目のどこまで通過したかを判定することが多い。いいかえれば，ある検査場面での行動や反応を観察することによって多くの検査項目を同時に判定している。第二に，0歳児の検査では，始めから終りまで，必要な検査項目がうまく流れるように実施するという意味で，検査の流れが特に重要である。それゆえ，検査の流れを考えながら項目の見方を説明した方が理解し易いし，検査を実施するときの参考にもなると考えたからである。

　また，同じ検査項目について，複数個所で繰り返して説明している場合もあるが，それは，検査の流れを重視し，さまざまな場面で観察出来ることを強調したいからである。

2-1　仰臥位の検査

　検査用紙第1葉では，通常，順序の欄（検査順序を示す）に示したとおり，仰臥位（あお向けの姿勢）の観察から検査を始める。普通は，子どもをベッドの上で仰臥位にし，検査者は声をかけたりあやしたりする。和室では，畳の上にふとんや毛布を敷いて検査しても差し支えない。和室の場合は，検査者がしゃがむか，座るかすればよい。1,2葉の検査用紙には，検査項目の施行順が記載されているが，これはあくまでも一般の場合の参考であって，検査対象児の状況によって，自由に変更してよい。

　仰臥位での観察段階は，まだ特定の検査項目を一つずつ独立して実施しその反応を調べるというよりも，子どもの自然な姿勢の状態や検査者に対する反応等を観察するのが目的である。この時，子どもが機嫌よく反応してくれれば，それにこしたことがない。自由姿勢の検査項目も，その大部分がここで観察される。観察をすませた後，いくつかの検査用具（玩具）を用いた検査に入る。

（1）仰臥位の観察
1）子どもとの触れ合い

M1　顔を注視	M4　声の方を向く
M2　微　笑	M6　微笑みかけ

　まず，子どもの目を見ながら声をかけよう。検査に入る前に，子どもの名前や通称を調べておく必要がある。検査者の呼びかけに，どの程度反応するのか。視線は合うのか。注意深く観察すれば，これだけでも，視覚と聴覚に異常がないことが確かめられよう（もちろん，これだけで子どもの視力と聴力が正確にわかるわけではない）。

仰臥位の観察中に，自由姿勢の検査はおおむね実施できる。それゆえ，自由姿勢の検査項目（M 1～M 32）は，なるべく，仰臥位の検査項目の中で説明する。これまでに述べた観察の中で既に，顔の注視（M 1）・微笑（M 2）・微笑みかけ（M 6）・声の方を向く（M 4）などは観察されたであろう。M 1 は，検査者の顔に視線を留める反応である。M 2 は，子どもが自発的に表情を変化させ，微笑んでいるように見える表情をいう。それに対して M 6 は，子どもから検査者に対する自発的な働きかけとしての微笑みかけをいう。それ故，M 6 は検査の後半になって生じることもよくある。

　なお，声の方を向く（M 4）は，子どもの視野の外での話し声や呼びかけに対して，そちらを向こうとする反応を調べていることを付記する。単に，子どもをあやす目的で声をかけるときは，子どもの身体や手足に触れたり，さすったり，ゆすったりしてもよいが，いずれも身体的刺激を与えていることに注意する必要がある。検査に慣れていないと，声をかけたときの反応を調べる時，意識せず，同時に子どもの身体へ接触刺激を与えていることがよくある。音声刺激（声かけ）に対しての反応を調べる時には，そのほかの（身体的接触など）刺激を与えてはいけない。上記の M 6・M 4 はいずれも身体的接触のない，声だけの刺激に対する応答を調べていることに注意してほしい。

2) 仰臥位姿勢のいろいろ

U 1	T-N-R 姿勢優位	U 4	頭を半ば側転
U 2	頭の側転優位	U 5	腕の対称優位
U 3	腕の対称姿勢有	U 6	頭の中央優位

　観察する時は，まず子どもの頭の位置に注目しよう。顔は，真上を向いているのか，それとも横を向いているのか。同一姿勢を，どれくらい持続しているのかも観察する。同時に，腕の位置と動きについても観察する。顔が向いている側の腕を顔の向きに伸ばし，頭の後ろの腕を曲げて頭の方に向ける TNR（ATNR）姿勢を取るのだろうか。それとも，顔を真上（正中面）に向けたり，両腕を左右対称に動かしたりすることができるのだろうか。新 K 式検査で使用している典型的な TNR（Tonic Neck Reflex，緊張性頸反射）姿勢は，頸を曲げることによって誘発される反射であり，顔の向いた側の手足を伸ばす伸展反射と，顔の後ろ側の手足を曲げる収縮反射が同時に生じる非対称（Asymmetric）反射による姿勢（A-TNR 姿勢）であり，頸が曲がっている間，その姿勢を取り続けるので緊張性とよばれる。反射の支配が弱まり自由な行動が可能になってくると，足の反射をともなわなくなったり，頸が曲がっていても両腕や両足を対称に動かしたりするようになってくる。TNR 姿勢は，生後 3 カ月未満なら正常児でも観察されるが，6 カ月児以降では消失するのが普通である。頭を一方だけにしか向けず体幹と特定の角度を保つなどの特別な傾向や反応があるときは注意して正確に記録しておくことが望ましい。U 1 は ATNR 姿勢を意味している。（凡例(2)-4 TNR 姿勢を参照）

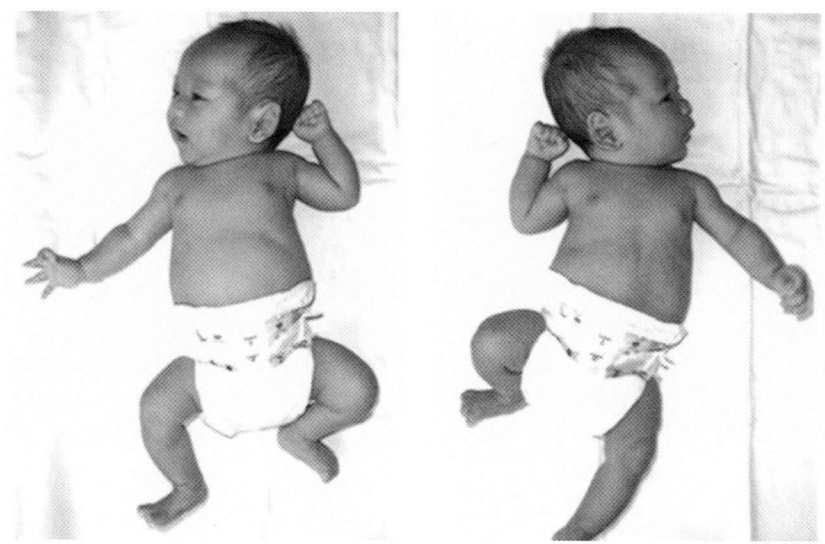

写真 2-1　ATNR 姿勢

3）手掌の観察から「イナイ・イナイ・バー」へ

U 9　両手とも握る	U 13　顔の布を除く
U 10　両手を開く	M 9　「イナイ・イナイ・バー」
U 11　両手を触れ合わす	M 18　手を見る
U 12　身体に触れる	M 19　顔を覆う

　手掌の状態とその動きについて観察する。両手を握ったままの状態（U 9）が多いのか，それとも両手とも開いている状態（U 10）のほうが多いかを観察しよう。TNR 姿勢のときには，顔の前の手が開いていたら，後ろの手の指は軽く曲げているように見えても U 10 を合格とする。

　多いとは，観察期間中の 50％ 以上に存在していることをいう。これは，Gesell（1938）の定義に従っている。

　自発的に手と手を触れ合わさないとき，子どもの手を持って正中面上で両手を触れ合わさせてもよい。それに誘発され，その後自発的に両手を触れ合わせて遊んだら U 11 を合格とし，自分の身体や着衣に触れれば U 12 を合格とする（ただし，手を口に入れるのは，自分の身体に触れたとはみなさない）。顔の前に手をかざし，手を動かしてそれを眺めて遊ぶ（M 18）のも同時に観察されよう。

　子どもが検査者に慣れて，気持のつながりがよくとれているとき，検査者は子どもの顔にハンカチをかけたり外したりしながら「イナイ・イナイ・バー」（M 9）と声を出して働きかけてみる。さらに，ハンカチを顔にかけたまま検査者は手を離し，子どもが自発的にハンカチを取り去るか調べる。子どもに声をかけながら顔を出すように励ます必要がある。ハンカチをかけた時激しく泣き出したりした場合には，この検査を直ちに中止するのはいうまでもない。

　この一連の観察の中で，ハンカチなどで自分の顔を覆う（M 19）遊びも出現するであろう。

(2) 仰臥位での検査項目
1) 吊り輪の追視

U 14	視線上で注視	U 17	追視 90°
U 15	遅れて注視	U 18	追視 90° 以上
U 16	直ちに注視	U 19	追視 180°

　仰臥位姿勢の観察が終ったら，吊り輪を提示する。そのとき，子どもが輪以外の物，例えば，検査者の顔や腕の動きに注意をそらさないようにしたい。そのためには，吊り輪を子どもの足のほうから正中面に沿って顔の上まで動かすのがよい。子どもの頭が，真上に向いていても，視線はやや足元の方に向いているから，吊り輪の提示位置は目の位置の真上でなく，胸の上が望ましいこともある。子どもの視線の延長線をよく見て提示位置を決めることが大切である。その位置で，直ちに輪を注視したらU 16 を，少し遅れて注視したらU 15 を合格とする。子どもが頭を横向きにしていたりして，正中面上では注視しない時には，吊り輪を子どもの視線方向に移動させる。子どもが TNR 姿勢を取っている時には，視線が側面を向いているから，吊り輪を正中面上から視線の延長線上まで移動する必要がある。吊り輪を体幹のまわりに弧を描くように移動させることになる。視線方向でも注視が生じ難いときには，吊り輪を軽く揺すってみる。その結果として注視したときもU 14 を合格とする。

　輪を注視したら，吊り輪を子どもが見ている所から側方へ移動し，さらに反対側まで180°動かしてみる。TNR 支配が強く，頭が側方を向いたままの時は，頭を動かさずに目だけを動かして追視するので 90°（U 17）か，それ以下しか追視出来ない。頭の運動が伴う時 90°を超えた追視が生じる（U 18・U 19）。検査者は，子どもの眼球の動きだけでなく，頭の動きにも注意する必要がある。先に述べたように，子どもの視線は真上でなく斜め上（足の方向）に向いていることが多いので，吊り輪を 180°移動させる時には，正中面に垂直な平面上ではなく視線の延長線上を，弧を描くように動かす必要がある。この時，吊り輪よりも検査者の顔に興味が集中している子どもは，なかなか滑らかな追視をしない。輪を追視している途中に検査者の顔が視野に入ったとたんに視線が顔に移動してしまう。そのような時には，子どもが追視するとき検査者や母親などの顔が見えないように工夫する必要がある。

　顔に興味が向かって視線が外れるのは問題ないが，眼球の振動など眼球の運動機能が正常でなく追視が滑らかにできない時がある。このような時は，医師の診察が必要となる。

2) 吊り輪に対する腕と手の反応

U 20	腕の運動誘発
U 21	両手を近寄せる
U 22	片手を近寄せる

　生後 6 カ月を過ぎ，玩具に対して積極的に手を出してくる子どもは，正中面上に吊り輪を提示すると，腕を伸ばして吊り輪を取ろうとする（U 20～22）。いうまでもなく，180°の追視が出来るようになっただけで，自発的に手を延ばして取れるのではない。手を出

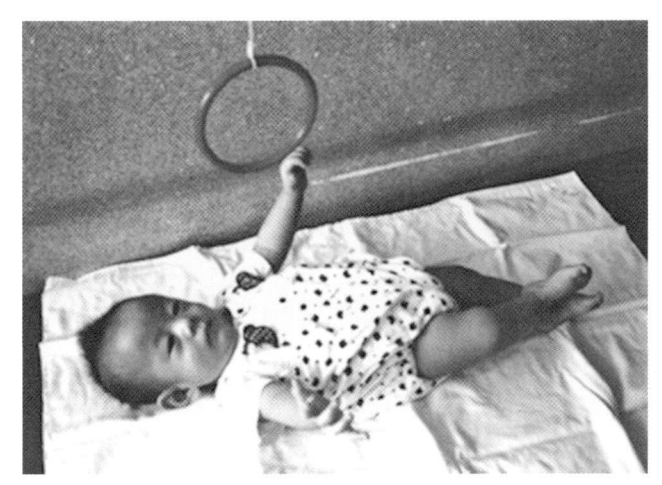

写真 2-2 吊り輪に対する腕と手の反応
片手で近寄せている（U 22）

さない時には，吊り輪を子どもの手のそばに移動して，子どもの注意が自分の手（または腕）に向くように揺すってみるなど子どもの興味を引いてみる。それによって腕の運動が誘発（U 20）されたり，吊り輪へ手を近づけてくることもある。両手を伸ばして取りに来る（U 21）のは，片手で取りに来る（U 22）前段階である。

3) ガラガラへの反応

U 23	すぐ落とす	U 28	両手に持つ
U 24	掌を開く	U 29	自発的につかむ
U 25	保持　3秒程度	U 30	つかんで離さぬ
U 26	保持　5秒以上	U 31	保持　1分以上
U 27	片手で振り鳴らす	U 32	両手で振り鳴らす

　子どもが手を固く握っている時には，ガラガラの柄で手掌の背面を撫でて見る。それで手を開いたら（U 24），手掌の中にガラガラの柄を入れて持たせる。TNR姿勢の子どもでは，頭の後ろの手ではなく，顔の前にある手に働きかけなければならない。いつもは手掌を固く握っているのに，ガラガラを入れると手掌を開いて落としてしまう（U 23）ことがある。5秒以上ガラガラを保持する（U 26）ことが出来たら，つぎに，もう一つのガラガラを子どもの顔前で鳴らしてみて，子どもが持っているガラガラを振り鳴らすか観察する。それでもガラガラを振って鳴らさないとき，ガラガラを握っている子どもの手を持って軽く振って見せてもよい。その結果，子どもがガラガラを振り鳴らした時も，U 27を合格とする。つぎに，他方の手にもう一つのガラガラを持たせてみる。両手に持った時（U 28）にも同様に，U 32を誘導してよい。両手にガラガラを持たせたとき，始めに持っていた手掌を開いてガラガラを落としてしまう状態から両手に保持できる（U 28）状態へと進歩する。

　ガラガラを子どもの手に近付けた時，自分から手を開いて持てば，U 29を合格とする。子どもがガラガラを持っている時間（秒単位，片手の保持秒数で可）を計り（U 31），最後に，ガラガラを取りあげる時，握りの強さを調べる（U 30）。

この検査では，ガラガラの柄が輪になっているため輪の部分が指に引っかかって保持されることもある。柄の真直な部分を手掌に握らせるようにしなければならない。

4）鐘鳴らしへの反応

U 33	身動き止まる
U 34	表情の変化
U 35	顔を向ける

吊り輪の検査と同様，子どもに検査者の手の動きが見えないように注意して，子どもの耳の横で鐘を鳴らしてみる。動作が止まったり，逆にビクッとしたりする時，U 33 を合格とする。鐘の音に泣き出したり，微笑んだりしたとき U 34 を合格とする。出生直後の子どもも音のする方に頭を回すことがあるが，そのような反応は一旦消失し，生後4カ月を過ぎると，はっきりと鐘の方を向くようになる。この検査項目は，聴力の異常を発見出来ることもあるために左右両方で検査し反応を確かめて記録しておくのが望ましい。判定は，左右いずれか一方に反応が認められた時，検査項目を合格としてよい。生後3カ月未満の子どもでは，反応が非常にわかりにくい時がある。同じことを何度も反復すると，慣れが生じてますます反応が出にくくなる。他の検査項目を実施した後に，検査を繰り返してみるのもよい。反応がわからないからといって，この検査項目を実施するような月齢の子どもの検査になれていない検査者が簡単に聴覚異常を疑うべきではない。

（3）仰臥位から寝返りへ

U 7	寝返り	M 20	足をいじる
U 8	脚を上げる	M 21	足を口へ
M 3	人の追視		

仰臥位から腹臥位（あお向けからうつぶせ）または，腹臥位から仰臥位への寝返りが出来る（U 7）か。その前段階として，仰臥位で脚をどの程度の高さまで上げるか（U 8），上げた脚を手でいじったり（M 20）足先を口にくわえたり（M 21）するかを観察する。この観察も子どもが自発的に寝返りをしたり，脚を上げて遊ばない時，検査者が子どもの脚を持って上に上げてやったりして誘導してみる。寝返りは，左右一方から出来れば合格とするが，どのような寝返りが出来るのかを具体的に記録しておく必要がある。U 8 は，脚が子どもの目で見える位置まで上がっていれば合格とする。

人の追視（M 3）は，仰臥位の検査場面で，検査者が用具を取りかえるため移動する時などを利用して観察すればよい。観察しにくい場合は，この検査項目をあらためて観察する必要がある。人の追視は，人の姿という視覚刺激を見て追視するかどうかを調べる。検査者が移動する前に子どもに声をかけて，検査者に注意を向けさせるのはよいが，移動しながら声をかけてはいけない。

2-2 座位の検査

(1) 仰臥位から座位へ

仰臥位での検査項目がすべて終了したら，検査者の親指を子どもの手掌に入れ，子どもの両手拳を外側へ曲げて残りの4指で子どもの手掌の背を支えて身体を引き起し座位にする。引き起しへの反応と子どもの首の位置をよく観察しておく。引き続き，座位での検査項目に入る。

1) 引き起し

> I 1　頭が遅れない
> I 2　頭を上げる

　頭が遅れない（I 1）とは，引き起す時，体幹の延長線上に頭が保持されていることをいう。引き起しに頭がついてくる月齢でも，引き起す速さが速すぎれば，頭は遅れる。ゆっくりと引き起すことが大切である。また，始めは頭の位置が体幹より遅れていても，ある程度身体が引き起された位置から頭を上げて体幹の位置に追いついてくることもある。体幹を45°引き起したところで少し待ってやり，頭が追いついたらI 1を合格としてよい。一方，首の座りが不十分で，頭の支持が出来ない子どもでは，首が床に着いたまま体幹だけ引き起されてくる。そのような時には，頭が床を離れる前に引き起しを中止して首を支えてやるなど，無理な引き起しをしないように十分な注意が必要である。頭を上げる（I 2）とは，引き起しの時に自発的に腕を曲げ，体幹の線上より頭を前に出して座位へと起き上がってくる状態である。

　座位へ引き起すに先立って，子どもの名前を呼んだり，持った手を軽く揺すってみる

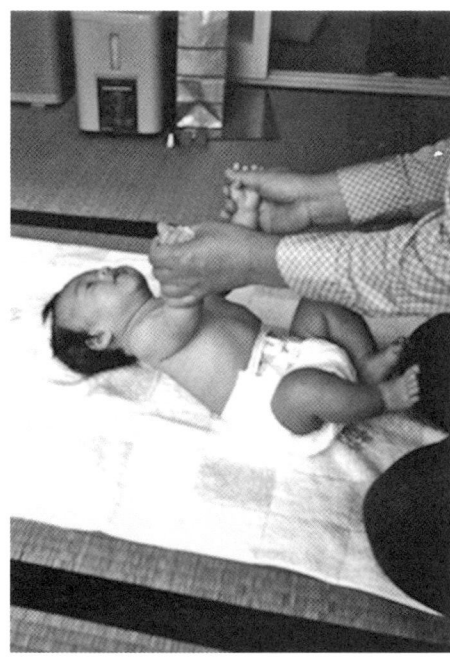

写真 2-3　(a) 仰臥位からの引き起し　　(b) 引き起し後の座位

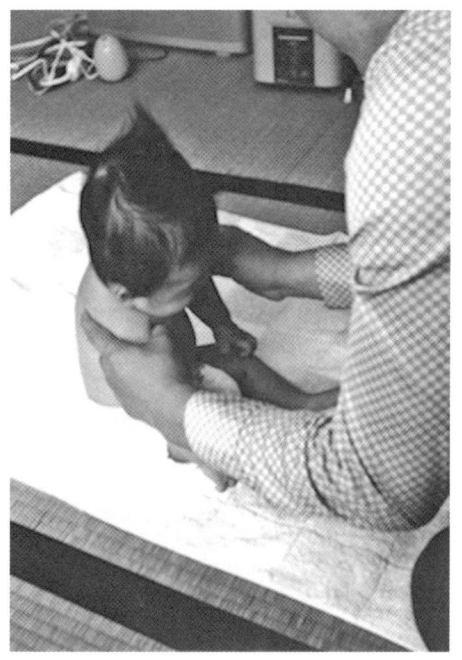

など子どもの注意を検査者に引き付けながら検査する必要がある。子どもが引き起しに興味をもたなければ、積極的に頭を上げる（I2）ことはない。頭を上げられる（I2合格）子どもも、人見知りなどで泣いている時には身体をのけぞらせ意図的に頭を後ろに落とす。子どもの反応を調べるには、子どもの情緒的な状態も大切である。頭を上げる（I2）とは、自分から座位になろうと腕を曲げて起き上がってくる状態でもある。

(2) 座位の観察

1) 首の座り

I3 頭を垂れる	I6 頭を前傾　安定
I4 頭を起す	I7 頭を直立　安定
I5 頭を前傾　不安定	

　座位など、体幹が重力の方向にある時、首の座りがどの程度完成しているかを調べる。頭を垂れる（I3）は、首の力で自分の頭の重みを支えられず、頭が垂れた状態である。頭の位置は、前に垂れることもあるし、後ろに垂れることもある。自分で頭を動かし、瞬間でも起こすことができれば、頭を起こす（I4）を合格とする。いずれにしろ、このような状態の時には、頭を支えてやるなどの十分な注意が必要である。

　頭をある程度支持は出来るが、前か後ろに傾いた位置で支持している時、頭を前傾不安定（I5）を合格とする。前傾してはいるが首の支持が安定してくると、頭を前傾安定（I6）を合格とする。I5とI6の違いは安定の度合いによる。頭を支えてやる必要がなくなった時が、I6の状態と言える。

2) 座位の姿勢

I8 手をつき座る	I12 座位　完全
I9 座位　3秒	I13 身体を起す
I10 座位　1分	I14 腹臥になる
I11 座位　10分	I15 方向転換

　仰臥位から座位に引き起した時、検査者の手は、初め子どもの体側を支持し、次に支持している両手をそっと離す。この時、子どもの安全を保てるように、手は体側のそばに留めておく。独力で座位が取れない時は、子どもの手を床につかせて座位を保てる（I8）か調べてみる。前に倒れて頭を床にぶつけないように十分注意をする必要がある。子どもが座位に興味を持たない時、鏡の前に座らせてみるのも一つの方法である。

　座位が取れる時には、その完成の度合いを調べる。バランスを崩しても自分で身体を起す（I13）ことがあるか。また、どれくらいの時間、座位を保てるのかも調べる。座位を保つ時間が1分以上になる時は、座位で行う検査項目をいくつか実施しながら、姿勢を保持できる時間と完成度を調べるとよい。

　座位が安定している時には、検査中に子どもが興味を示した玩具などを適当な位置に提示して、腹臥位への姿勢転換（I14）や身体の方向を90°転換することが出来るか（I15）調べる。I14の検査では、腹臥位になり、這って前進もするのに一方の足が抜けず、片足は曲げたまま両足が並行にならない時がある。自発的に足を抜き両足が並行になら

なければ，I 14を合格としない。これはI 14が完成する前によく見られる姿勢である。I 15では，玩具などに誘われて何回かにわけて身体の方向を回転させても合格とする。

(3) 座位で行う検査

座位の検査とは，子どもが座位の姿勢で行う検査項目を総称している。しかし，これらの検査項目は，姿勢を調べるのでも，姿勢による影響を調べるのでもない。一般的な被検者では，座位がもっとも通常の姿勢であるため，座位で検査を行うにすぎない。座位が安定していない時には，座椅子に座らせて検査するし，人見知りが強い時には，やむなく母親の膝に座らせて検査することもある。検査者の膝に座らせて検査するのが，都合のよいこともある。子どもの姿勢が安定していて，両手が自由に使える状態で検査をすることが重要である。やむを得ない事情で，他の姿勢で検査を行った時には，そのような記録が必要である。

1）積木の連続提示

手引書の手続きにしたがって，第1の積木を提示しても自発的に持たない時は，子どもの一方の手（その時点で優位に使用される方の手）に積木を持たせてやる。しばらく観察した後，空いている方の手にも積木を持たせる。空いている手に積木を持たせた時，初めに積木を持っていた手の動きを観察して，両手に持てるかどうかを調べる。検査中に，積木を持つ手掌の形，持った積木の扱い方，遊ぶ時にはどのような遊び方をするのかなどを観察する。

これらの検査項目は，山積木の提示によって自発的に積木を持つ状態から検査を開始してもよい。積木を両手に持って遊ぶようになった子どもでは，その方が自然な検査であろう。

① 第1の積木

P 1 交互に注視	P 5 拇指先把握
P 2 片手に保持　3秒程度	P 6 落しても拾う
P 3 口に運ぶ	P 7 持ちかえ
P 4 掌把握	

子どもの手に積木を1個持たせて，その積木を扱う手の形と扱い方を調べる。片手に保持3秒程度（P 2）は，積木を辛うじて3秒ほど落さずにいる状態であり，手掌の形と積木の位置は子どもにより変化が大きい。指先に辛うじて引っかかっていることもよくある。ただし，この年齢の子どもは，手だけでなく積木を机や身体の一部で支えていることもあるので注意する。合格とするには，机や身体から離して空中に手掌の力だけで保持できる必要がある。掌把握（P 4）は，手の掌を積木につけて掌で保持している状態であり，5本の指はそれぞれ独立した働きをしていない。それに対して，拇指先把握（P 5）は，拇指・人差し指・中指の3本が中心となって積木を保持する状態であり，指の機能に分化が始まっている。このとき通常は積木と掌の間に空間が生じている。

自分の手と提示された積木とを交互に注視する（P 1）・持った積木を口に運ぶ（P 3）などの行動を，子どもが自発的に行うかどうか観察する。ただし，これらの項目は検査中に観察が困難な項目である。

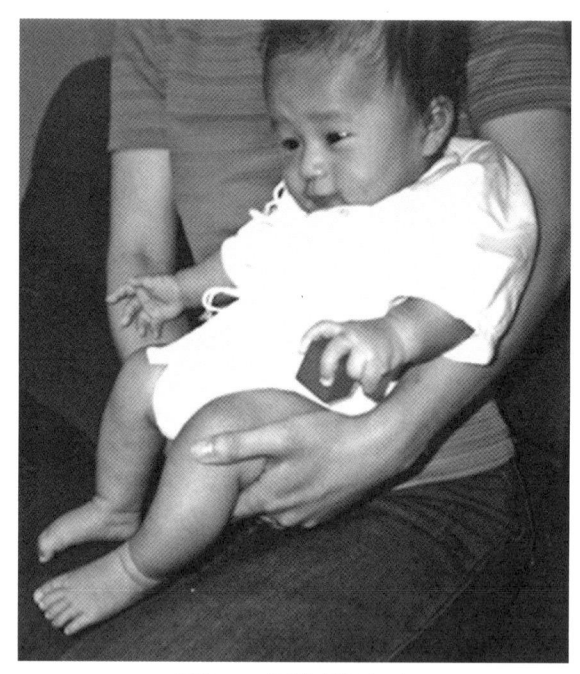

写真 2-4　拇指先把握（P 5）

　持ちかえ（P 7）は，片方の手に積木を持っている時，積木を持っている手を空いた手に近付け，子どもの手に触れて誘導することが出来る。この場合，検査に先立って積木を子どもの弱手（優位に使用する手がある場合，その反対の手）に持たせておくことが大切である。持ちかえる時，積木を手掌だけで保持している必要があり，積木を口や机などで支えていれば，持ちかえ（P 7）を不合格とする。

② 第2の積木と第3の積木

P 8　両手に保持　3秒	P 12　積木と積木
P 9　両手に保持　10秒	P 13　片手に2個保持
P 10　第3提示　落さぬ	P 14　積木を置く
P 11　第2積木を叩く	

　1個の積木による検査項目が終了したら，新たにもう1個の積木を提示して反応を調べる。第2積木（2番目に与える積木）を提示しても反応がなければ，検査者は第2積木を手に持って，子どもが持っている第1積木を軽く叩いてやってから再度，第2積木を机上に提示してみる。そのことによって第2積木を叩く（P 11）行動が誘発されることも多い。
　第2積木を子どもが自発的に持たない場合は，提示した第2積木を子どもの空いている手に持たせてやり，両手に保持する時間を観察して，P 8 と P 9 を採点する。
　両手に積木を持っている時に，3番目の積木を提示する。新しく提示された第3の積木に気を取られて手に持っている積木を落とすことがなければ，P 10 を合格とする。積木を置く（P 14）は，第3の積木でも山積木でも，他の積木を取ろうとするときなどに，自分が持っている積木を机の上に置いた時，合格とする。積木を落としたり，投げ

捨てるのでなく，積木を置く行為が可能かを観察する。

　子どもが，両手に持っている積木をぶつけ合わせて遊ぶとき，P 12 を合格とする。積木を両手に保持はしているが，両手の積木をぶつけようとしない時，検査者は，第 3 の積木を持って，子どもの持っている積木の一方を軽く叩いてみるとよい。それで積木と積木（P 12）などが誘発されることもある。検査者によって誘発された反応でも合格とする。

　P 13（片手に 2 個保持）を調べる時は，第 2 の積木を，子どもが積木を持っている手の方に提示してみる。第 2 の積木を受け取り，片手で 2 個の積木を保持出来れば P 13 を合格とする。積木は片手に持っている時でも，両手に持っている時でも構わない。積木を渡して片手に 2 個の積木が保持出来れば，片手に 2 個保持（P 13）を合格とする。加齢が進めば，山積木の場面などで自発的に片手で 2 個の積木を持つことも観察される。

③　積木の塔

P 19　積もうとする

　積木を積もうとする（P 19）行動は，積木の塔（P 20～P 24）の検査項目を実施する時に観察すればよい。積木を積むようになる前の段階で，積木を積もうとするように，積木を持っている手を机上の積木の上へ持っていき，積木に触れたりするが，手を離すことなく再び手に持った積木を机上に戻したり，手を離すがうまく積木の上に乗らないことがあるが，どちらでも P 19 は合格である。P 19 は，山積木で遊んでいる時自発的に発生することも多い。

④　山積木

P 15　触れるとつかむ	P 17　両手に持つ
P 16　空いた手を伸ばす	P 18　順に遊ぶ

　積木の連続提示を行っている時，子どもが積木で遊ぶようになったら，積木を山積木の状態で提示してみる。子どもが自発的に手を出さない時には，山積木を子どもの手に触れる位置まで移動させてみる。積木が手に触れてから始めて積木に興味を持った時も，自発的に積木を持てば，P 15 を合格とする。

　片方の手に積木を持った時，空いている手を他の積木の方へ伸ばす（P 16）かを観察する。さらに，手を伸ばして両手に持つ（P 17）だけでなく，積木を置いたり投げたりして，始めに持った積木だけでなく，他の積木も使用して遊ぶ（P 18）かを観察する。

2）積木とコップ

P 30　コップを見る	P 35　コップに入れる　例後
P 31　コップに触る	P 36　コップに入れる　例前
P 32　中の積木に触れる	M 16　「チョウダイ」渡さぬ
P 33　中の積木を出す	M 17　「チョウダイ」渡す
P 34　コップの上に示す	

10個の積木とコップを,積木が子どもの利手(この月齢では,左を優位に使用する子どもも多いから注意すること。最終的な利手はまだ確定していない,この月齢では優位な手の使用といっても,一時的なものである)の前に来るように置いて,子どもがどちらに興味を示すか観察する。コップを見る(P30)・コップに触れる(P31)は,積木よりもコップに興味が向いている段階である。積木を無視してコップを見た時もP30を合格とし,見るだけでなくコップに触れればP31を合格とする。積木を持った時には,「コップに入れてちょうだい」と教示する。言葉の教示だけでなくコップを指差しながら,動作を交えて教示してよい。この時に,指差しに反応すればM15(指差しに反応)を合格としてよい。コップに積木を入れて手を離したら,P36を合格とする。数回繰り返しても教示だけではコップに入れようとしない時,検査者が積木を1個ずつコップに入れて見せる(例示)。積木をコップの上まで持っていくが入れない,あるいは,積木をコップの中に入れ持っている積木でコップの中に入っている積木に触れたり叩いたりするが,そのまま手を離さず積木を持ち出してしまう行動も,コップの上に示す(P34)である。中の積木に触れる(P32)は,積木を持っていない手でコップの中の積木に触れたり握ったりするが,コップの外に持ち出さない反応である。中の積木に触れる(P32)・中の積木を出す(P33)は,このような手順の中で観察されることが多い。

積木だけの検査場面から積木とコップの検査場面へ移行するとき,子どもが積木を持っていたら,「チョウダイ」と言いながら手を出してみる。このような手続きで,「チョウダイ」渡さぬ(M16)・「チョウダイ」渡す(M17)が観察出来る。M16・M17の観察は,このほかの検査項目でも,次の検査項目へ移行するとき,子どもが持っている玩具を回収し,次の玩具を提示する時などに適時観察することも出来る。「チョウダイ」というと,持っている玩具を取られないように玩具を隠そうとする時にも,M16を合格としてよい。

3)小鈴

P37 注視する	P42 鋏状把握
P38 熊手状かき寄せ	P43 釘抜状把握 不完全
P39 拇指側かき寄せ	P44 釘抜状把握
P40 鋏状把握 試みる	P45 示指を近付ける
P41 持ち上げる	

小鈴は,小さな物体に対する子どもの反応を調べようとする検査用具であり,音が出ること,光っていることによって反応が生じ易くなっている。しかし,この項目の対象児は全てを口へ入れることが多い。小鈴を口に入れると危険なので十分な注意を怠ってはいけない。検査は,原則として座位の姿勢で小鈴を子どもの前に置いて反応を調べる。通常は机上に小鈴を置くが,子どもの状態によっては,鏡の裏面に置いて提示した方が便利なこともある。

机上に小鈴を提示しても反応がない時に,検査者は,小鈴を指先につまんで子どもの視線上に提示する。視線上で小鈴を振って見せてもよい。このように十分注意を小鈴に引きつけてから,机上に置いて提示する。このようにして机上の小鈴を見た時でも,注視する(P37)を合格とする。

子どもが，小鈴に手を出す時には，手と指の使い方をよく観察する。手の掌全体で持とうとするのか，指の働きが分化しているのか，指は全部が同調して5本の指を熊手のような形にしてかき寄せ（P 38）ているのか，拇指側の機能が分化して使われ，人差し指・中指・拇指の3本の指が中心となって小鈴をかき寄せ（P 39）ているのだろうか。

　小鈴を持ち上げた時には，手の掌全体（P 41）を使用するのか，拇指と人差し指の2本で持つかなど，細かい観察が必要である。P 41の段階の子どもでは，手掌を握り締めていて手に汗などがあり，そのために持つというより手にくっついて持ち上がることもある。このような時でも，P 41を合格としてよい。

　2本の指で小鈴を摘んで持つ時には，その2本がどのように使われているかさらに詳しく観察する。拇指と人差し指がまっすぐ伸び，その間に小鈴を挟んでいるときを鋏状把握（P 42）という。釘抜状把握（P 44）とは，人差し指が曲がって，拇指と人差し指の指先で小鈴が保持される状態である。それぞれ試みるが失敗して前段階の持ち方になってしまう時，鋏状把握 試みる（P 40）・釘抜状把握 不完全（P 43）とする。（写真2–5参照）

　P 45は，小鈴に働きかけるとき，人差し指を伸ばして小鈴に近付けることをいう。

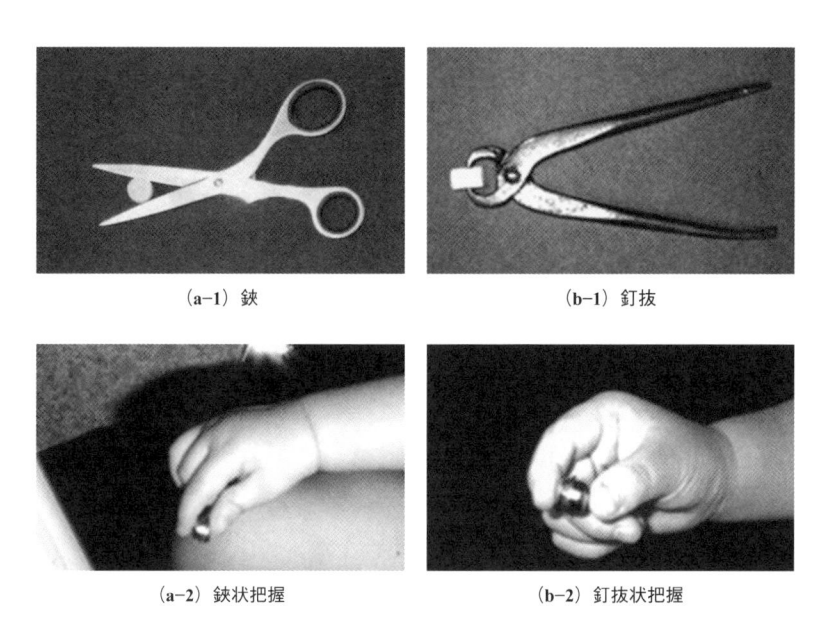

（a–1）鋏　　　　　　　　　　　　（b–1）釘抜

（a–2）鋏状把握　　　　　　　　　（b–2）釘抜状把握

写真2–5　鋏状把握と釘抜状把握の説明

4）小鈴と瓶

P 46	瓶に手を出す	P 50	瓶に入れる　例後
P 47	小鈴に手を出す	P 51	瓶に入れる　例前
P 48	小鈴を取る	P 52	瓶から出す
P 49	入れようとする		

　3）小鈴の検査が終ったら，利手の前が小鈴，弱手の前が瓶になるように，小鈴と瓶を並べて提示する。小鈴に興味を示さず，瓶に手を出す（P 46）段階から，小鈴に興味

が向いて小鈴に手を出すが持ち上げられない（P 47）段階，小鈴を持ち上げる（P 48）段階へというように行動が発達する。積木とコップの検査と同様に，「瓶に入れて頂戴」と身振りを交えて教示した時，小鈴を瓶の中に入れればP 51を合格とする。言葉による教示だけでは入れようとしない時には，例示として検査者が入れてみせる。例示した後，自分で入れればP 50を合格とする。入れようと試みるが瓶の中に入らない時P 49を合格とする。

　瓶から出す（P 52）は，子どもの前に小鈴の入った瓶を置き反応を見る。小鈴を自分で入れた時は，その後の行動の観察でよい。中の小鈴に注意を向けない時には，瓶を振って中の小鈴を見せるとよい。指を入れて出そうとする時もそのままさせる。指でうまく掻きだせれば，P 52を合格としてよい。瓶を振っているうち偶然に小鈴が飛び出した時には，もう一度実施してみる。小鈴を出すために意図的に振っていればP 52を合格としてよいが，瓶から出す方法を例示してはいけない。

5）鐘

P 53	机に打ち付ける	P 56	振り鳴らす
P 54	柄を持つ	P 57	鐘舌に触れる
P 55	柄先から持つ		

　子どもによく見えるように鐘を持ち，振って音を出して子どもの興味を引いてから，鐘を子どもの前に置く。鐘を持とうとするのか，持つとすれば，どのように手を出して，どの部分を持つのか，持った鐘をどのように扱うのかを観察する。鐘の上から手を出し柄先をつかむ時P 55を合格とする。鐘が子どもの手より下にないと，手を上から出すことは少ないので，机の上の検査では観察が困難な検査項目である。畳の上で座位の安定を調べるとき，この検査を実施すると手が上から出易い。手の位置が鐘と同じ高さにあると，手を真横から出して，柄を横から持つ（P 54）方が容易になる。机の検査では子どもの膝の高さに鐘を適当な台（例えば，鏡）に乗せて提示するのがよい。P 54の段階の子どもは，それでも手を横から動かし柄の部分を持つ。P 55の段階の子どもは，容易に手を上から伸ばして柄先を持つことが出来る。柄を持たず鐘の金属部分を持つ時には，子どもの手に鐘の柄を持たせて，机に打ち付け（P 53）たり，振り鳴らす（P 56）ことがあるか調べる。

　柄を持った時には，鐘をどのように扱うか観察する。机に打ち付けて遊ぶ（P 53）か，振り鳴らして遊ぶ（P 56）か調べる。鐘の中にある鐘舌に興味を持ち，鐘舌をいじって遊ぶとき，P 57を合格とする。鐘を持っている時，意図的でなく鐘舌に触れることがある，この場合にはP 57を合格としない。意図的に鐘舌に触れて遊ぶときP 57を合格とする。

6）紐付き輪

P 58	輪へ伸ばす	P 61	すぐ輪を引き寄せる
P 59	とにかく引き寄せる	P 62	紐で下げる
P 60	輪と紐で遊ぶ		

吊り輪の輪の部分を子どもによく見せ，輪に注意が向いてから，輪が子どもの正面・遠地点（手の届かないところ）にあり，紐の先が子どもの利手のすぐ前に来るように置く。子どもが直接輪を取ろうと身体を乗り出し手を伸ばす時（P 58）には，輪を遠ざけて取れないようにしてみる。すぐ紐をつまんで輪を引き寄せた時，P 61 を合格とする。紐をつまもうとする時，指先の使われ方にも注意するのがよい。小鈴を持つ時と同様，子どもの指先の機能を観察することが出来る。

とにかく引き寄せる（P 59）では，紐がなかなかつまめないため，苦労してやっと引き寄せた場合だけでなく，紐に興味を持って遊んでいるうちに輪を引き寄せ，それから輪に興味が向かった場合も合格としてよい。

輪を持った時には，遊びの内容を調べる。輪と紐で遊ぶ（P 60）は，とにかく輪と紐の両方に興味があれば合格としてよい。紐で下げる（P 62）は，偶然にぶら下げただけではいけない。偶然で始まっても，意図的にぶら下げ，振ったりして遊ぶようになった時，P 62 を合格とする。

7) 自動車

P 63	部分隠し	P 65	包み込む
P 64	全体隠し	P 66	玩具(車)の追視

第 1 葉の検査項目（P 66）では，机上に自動車を提示して子どもの注意が自動車に向いてから，自動車を子どもの前を横切るように動かしてみる。動かす速度は子どもの視線の移動速度に合わせる必要がある。子どもを抱いて検査する時は，自動車を鏡の裏に乗せて鏡を傾けて動かすのが便利である。子どもが検査者の手を追視しているのでは合格と出来ない。机上を動かす時には，自動車を検査者が手に持ったまま動かすのではなく，軽く弾みをつけて走らせる必要がある。この検査項目は，生後すぐの子どもにも試してみるとよい。吊り輪の追視とは違う状態での追視反応が調べられるし，かなりの低日齢でも追視が生じることもある。

第 2 葉の検査項目（P 63・P 64）では，自動車に興味を持たせた後，布をかぶせて自動車を隠してみる。部分隠し（P 63）の検査では，自動車が視線から一旦きれて完全に見えなくなってから，一部分が（全体の半分程度）見える状態にしてみる。一旦，視線からはずれると，一部分が見える状態になっても自動車への興味がなくなっているのか，自動車への興味が持続し，見えた自動車を取って（P 63）遊ぶのか。さらに，自動車が完全に布の下で見えなくなっても，布を取り除いて自動車を取り出す（P 64）のかを調べる。布に興味が移動して，布をとったとき自動車を見つけて自動車を取ったときには，もう一度施行してみる。初めの施行で学習して，自動車を取るために布を取り除いたときにも P 64 を合格としてよい。

第 3 葉の検査項目（P 65）では，自動車に興味を持たせた後，自動車を布の中央に乗せ，布の四端を折って包み込んで見せる。包み込まれても布を開いて自動車を取り出すことが出来る（P 65）のだろうか。自動車を包んだ布を持って振り，中から自動車を取り出すのも，中の自動車を取り出す意図が認められる時には P 65 を合格としてよい。

8) はめ板

| P 71 | 円板をはずす |
| P 72 | 円板をはめる |

　丸・三角・四角の孔があいている孔あきはめ板を机の上に置いた後，子どもに円板を渡す。子どもが円板に興味を示した後，検査者がはめ板に入れて見せる。円板を子どもが自分で外すことが出来る（P 71）か，外した円板をまた入れる（P 72）ことが出来るか観察する。子どもが円板を入れたとき，偶然のように見えることもよくある。そのような時には，再施行して2回以上入った時には，偶然のように見えてもP 72を合格としてよい。

　円板を外そうとする時，孔あきはめ板が動かないように押えてやる必要もある。この時，子どもの両手が机上に出ていることを確認する必要がある。出ていない時には，子どもの手を持って両手が机上に位置するようにしてよい。

9) 描画

| P 99　　なぐり描き　　例後 |
| P 100　なぐり描き　　例前 |

　描画用紙（検査用紙の裏面でもよい）を机の上に置き，鉛筆を提示してなぐり描きをするように声をかけて子どもの反応をみる。鉛筆を子どもの手に持たせてもよい。自発的に描く時にはP 100が合格となる。描かない時に検査者は，「グルグル」などと言いながら，なぐり描きの例示として螺線状の線を紙面の上端に描いて見せる。子どもが鉛筆を持って手を動かし，紙のうえに何か描ければP 99を合格としてよい。P 99の前段階としては，鉛筆で紙をつついたり，手で鉛筆を持って紙の上に動かすが，芯の出ている側を紙につけず，芯のない方で紙をこすることがある。いずれもP 99は不合格である。この段階の検査では，長さが適当な（10～15 cm）鉛筆を使用することと，鉛筆の片側だけが削ってあることが大切になる。両側に芯の出ている鉛筆を使用したり，クレヨンやクレパスを使用してはいけない。赤鉛筆を使用するのが原則だが，4B程度の黒鉛筆を使用しても差し支えない。赤鉛筆と黒鉛筆の2本を提示して子どもに選択させるのがよい場合もある。

2-3　立位の検査

　立位の検査では，検査者が子どもの体側（両側）を軽く支持してやると立位が取れるのか，あるいは支持がなくても独力で立位を保てるのかのように，子どもが獲得している立位の姿勢とその安定性を観察することが中心である。独り立ちを始めたばかりの子どもでは，支持なしに立てそうでも急に倒れたりすることもよくある。検査者は，子どもの姿勢が崩れたときすぐ抱き留められるような位置に両手を保って，子どもの姿勢に十分注意し，安全確保に努める必要がある。

　座位の検査項目が終了した後，立位の観察を行うが，その手続きは子どもの状態によっていくつかに分かれる。支持なしでは立位が困難な子どもの場合は，子どもの体側を

両脇から支えて立位にしてみる。体側を支える必要のない子どもでは，両手を持って立位にしてみる。独力で立てる子どもに対しては，子どもがつかまり立ちするのに適当な柵などの横で，その子どもが気に入っていた玩具を上に提示して，柵を持って立ち上がる（T6）ことが出来るか検査するところから始める。

(1) 独力では立てない子ども

T1	体重を支える	T4	つかまらせ立ち
T2	脚ではねる	T5	片手立ち　玩具
T3	両手支持で立つ		

検査者は，両手で子どもの体側を両側から支え，足を床（ベッドの上でもよい）に付けてみる。検査者の手の位置は，子どもの胸の横であるが，なるべく子どもの腕に触れないようにすること。子どもが足を突っ張り，自分の体重を支え（T1）るとT1が合格である。両足を曲げて床につこうとしないことも多い（T1不合格）。この検査項目は，機能だけの問題でなく，意欲の問題を考慮する必要もあり，解釈には注意が必要である。

立とうとする意欲がある子どもでは，立位を取らすと喜んで床を蹴ってはねる（T2）こともある。両側を支えれば立位が安定している子どもでは，検査者はその手を子どもの腕に沿ってずらし，両手（腕でなく手掌）を持って立位が取れるか調べる。両手を支えるだけで立位が保てればT3が合格である。手を支えるだけでは姿勢を維持出来ず，検査者の手でぶら下げるような状態であれば不合格とする。注意が必要なのは，生後1週間までの新生児では反射としてT1・T2の反応を行う。このとき合格として採点しないように注意する必要がある。また，合格・不合格には関係しないが，足の裏全体を床につけないで爪先立ち（尖足位）でしか立位をとろうとしない子どももある。このような時には，記録に留めておく必要がある。

両手支持で立てる子どもに対しては，適当な手すりにつかまれば立位姿勢を維持出来る（T4）か調べる。子どもを支えて適当な手すりを持たせてやるのだが，手すりだけでは体重を支えられないこともあるので，子どもの姿勢には十分に注意する。

手すりを持って立てる子どもに対しては，玩具を手すりに沿って子どもの手のそばに提示してみる。片手を離してその玩具を持ち，もう一方の手で手すりにつかまって立っているならば，片手立ち玩具（T5）が合格である。

(2) つかまって立ち上がる子ども

T6	つかまり立ち上がる	T10	支え歩き　片手
T7	座る	T11	一人立ち
T8	つたい歩き	T15	這い登る
T9	支え歩き　両手		

子どもを手すりのそばに座らせ，手すりの上に玩具を提示して興味を玩具に向ける。子どもが手すりをつかみ，独力で立ち上がればT6が合格である。次に，玩具を手すりに沿って横にずらし，つたい歩き（T8）を誘導してみる。足を踏みかえて2歩以上横

に移動できればT8を合格とする。次に，玩具を床の上に置いてみて，独力で子どもが手すりを離して座位に戻れる（T7）か調べる。ドスンと尻を落として座位になる時もある。それでも合格としてよいが，頭を打ったり転倒したりしないように，周囲の状況を含めて十分な注意を払う必要がある。

歩行運動を調べるには，子どもの両手を持って立たせ（T3），立つことが出来れば，両手を持ってゆっくりと前に引いてみる。両手支持で両足を交互に前に出せれ（T9）ば，片手だけを持って歩かせ（T10）てみる。子どもの姿勢の安定度を見て，無理に歩かせようとしてはいけない。T9の前段階としては，両足をそろえて引きずられるようにしか前へ進めない状態がある。

一人立ち（T11）の検査項目は，両手を支えて立たせた後，手を離しても立位を保持出来るか調べる。一人立ちが出来れば，検査用紙第3葉の一人歩き（T12）へと誘導する。

次に子どもを階段に連れていき，這って登れる（T15）か調べる。検査者が階段の上から声をかけたり，玩具を上で見せたりして登るように働きかける必要がある。検査者が一人の時には，子どもの安全確保に十分配慮しなければならない。母親が一緒の時には，母親に階段の上から声をかけてもらうのがよい。この時は，検査者が，子どもの下から見守れるので安全の確保は容易になる。

歩行を開始している子どもを対象とした階段の検査項目は，第3葉に立位による階段の行動（T16〜T20）がある（p.34参照）。

2-4 腹臥位の検査

新K式検査の標準的な検査手順では，立位の観察が終了してから，子どもの両体側を支持して腹が下に向いた姿勢で床の上方，宙に支える（凡例(2)-7を参照）。首の向きと垂れ具合や体幹の支持具合を観察してから，そのままゆっくりと床の上に降ろして子どもの姿勢を観察する。このときの姿勢を腹臥位という（凡例(2)-6を参照）。床に降ろす時には，子どもの腕の位置に十分注意する必要がある。月齢の小さい子どもや姿勢運動機能に問題のある子どもでは，腕を自分の体幹の下に位置させることがある。そのまま床に降ろして腕に体重をかけると骨折の恐れもある。身体が床に着く前に子ども

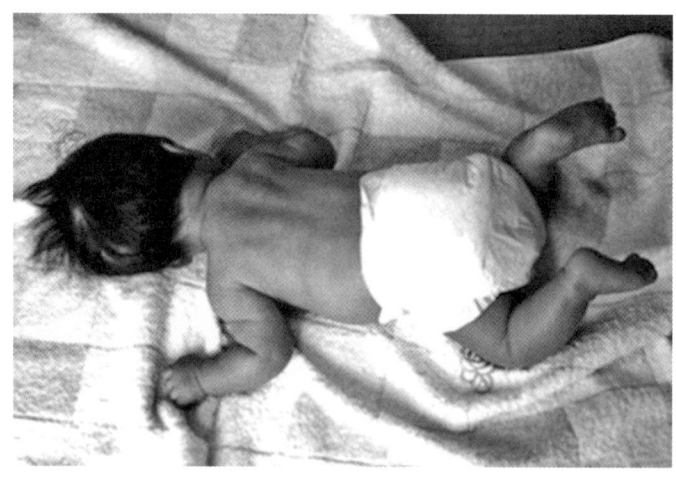

写真 2-6　腹臥位

の腕を持って頭の両側前方に体と並行になるように伸ばしてやる。この時，腕だけでなく手掌も腕の延長方向に伸びるように気を付ける。

(1) 腹臥位懸垂（腹を下にした空中姿勢）の観察

R 1	頭が垂れる
R 2	頭を水平

空中で，子どもの頭が垂れている（R 1）か，水平に保てる（R 2）か，水平より上に上げているかを観察する。座位では首が座っていない子どもでも，空中に保持した姿勢では，頭の支持を補助してやる必要はない。一般に，頭が垂れる子どもは，背柱も丸く曲がり，手足も下に垂れる。頭を水平に支持出来る子どもでは，背柱も水平になる。検査項目にはないが，空中で脊柱の支持状況を観察しておくとよい。

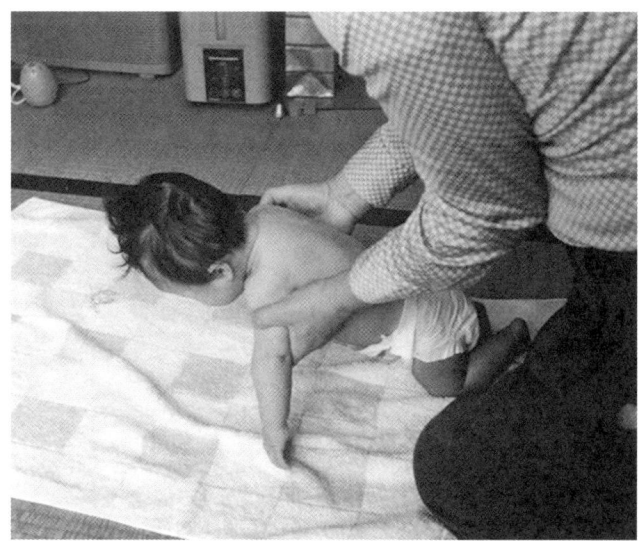

写真 2-7　腹臥位懸垂から床へ降ろす（R 2 合格）

(2) 腹臥位の姿勢観察

R 3	頭が側転		R 12	肘支持　頭上げ
R 4	頭が下向き		R 13	腕支持　頭上げ
R 5	頭上げ　領域Ⅰ		R 14	指で床を掻く
R 6	頭上げ　領域Ⅱ		R 15	片手首を上げる
R 7	頭　領域Ⅱに保つ		R 16	頭の布を除く
R 8	頭　領域Ⅲに保つ		R 17	方向転換
R 9	脚の屈伸		R 18	四つ這い
R 10	尻を落とす		R 19	座位となる
R 11	両脚　伸ばす			

まず，子どもを空中から降ろして床に着いた時の頭の位置を調べる。空中の姿勢のま

ま下を向き顔を床に着けている状態（R4）か，床に着くと頭を横に回し，顔を左右いずれかに向ける（R3）のであろうか。床に着いた時，頭を上げることが出来るか，上げるとすれば，上げることが出来る角度と，その状態を維持出来る時間を調べる。自発的に頭を上げない時は，頭の前方で鐘を鳴らしてやるのが有効である。前方から母親に声をかけてもらうのも一つの方法である。検査の前から頭を横に向けている時には，検査者が子どもの頭を持って下に向けさせてから検査をしてもよい。

　頭を動かし少しでも持ち上げたら，頭上げ領域Ⅰ（R5）を合格とする。頭上げ領域Ⅱ（R6）は，頭を床から45°まで上げたときに合格とする。45°まで上げて頭の位置を保つことが出来れば，頭領域Ⅱに保つ（R7）が合格となる。頭を床から90°の位置，すなわち，頭を床から垂直の位置に立てた姿勢を維持出来れば，頭領域Ⅲに保つ（R8）を合格とする。

　次に，腕の働きを調べる。頭を上げる時にも，首の筋肉だけを使って頭を上げることもあるし，腕を使い上体を床から離して頭が上がることもある。中には，腕を使わず背中を反して頭を上げることもある。腕を使って頭を上げる時，肘の位置が肩の位置より後ろになり，肘から先（前膊部）を床に着けて，その支持で頭を上げれば，肘支持頭上げ（R12）が合格である。この時，首は床から離れているはずである。腕支持頭上げ（R13）では，肘も床から離れて手掌を床に着けて上体を支え，床から離して頭を持ち上げる姿勢である。この時，肘の位置は肩の位置より前になる。手掌は開いていても握っていても合格とする（凡例(2)-6，写真5-2の状態）。

　次に，腹臥位における手の機能を調べる。そのために子どもの前方に玩具を提示してみる。ガラガラや鐘などを鳴らして手の前に置くとよい。玩具を取ろうとして指で床を掻くような動作（R14）をするのか，手首を上げて（R15）玩具を取ろうとするのか調べる。この時，腹臥位の姿勢を保持出来るかどうかも観察しておくと参考になる。玩具を取れるようなら，腹臥位姿勢のまま子どもの頭に布をかぶせてみる。布を手で持って取れば，頭の布を除く（R16）が合格である。頭を振って布を取るのは，合格としない。布がかぶっているのを喜んで布を取ろうとせず，這い這いを続ける子どももある。いずれも，R16が合格となる前段階の行動である。

　腕支持頭上げ（R13）の姿勢が取れれば，玩具を子どもの側方に提示して興味を引き身体の向きをかえる（R17）ことが出来るか調べる。何回かに分けてでも，90°以上方向が転換出来れば合格としてよい。

　這い這いが出来る子どもには，這い這いの姿勢を調べる（凡例(2)-8参照）。四つ這

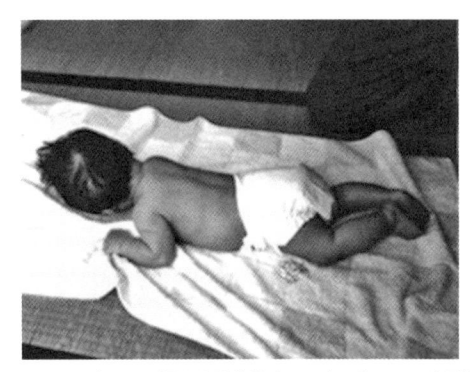

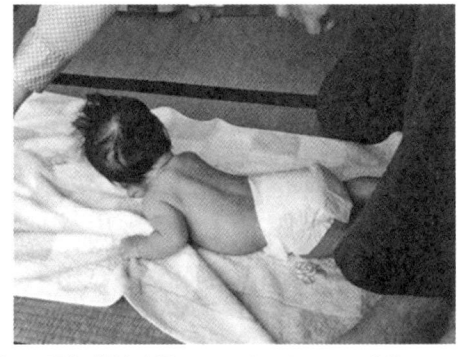

写真2-8　児を腹臥位懸垂から床へ降ろして腹臥位での頭上げ反応を調べているところ。R5の状態

い（R 18）とは，手掌を床に着け，体幹は宙に浮かせた這い這い（いわゆる四つ這い，crawling，凡例(2)-8，写真 7-2）のことである。腹を床に付けた這い這い，いわゆる"ずり這い，creeping"（凡例(2)-8，写真 7-1）は，現在の新 K 式検査の検査項目にはない。腹臥位から起き上がって，座位へ姿勢を移行出来る（R 19）かどうかも調べる。

下肢の観察は，尻が浮いている姿勢の時，足を曲げたり伸ばしたり（R 9）して足を動かすかを調べる。次に，肘支持で頭が上がる（R 12）ようになり，尻を床につけ，上体が床から浮き気味になると，尻を落とす（R 10）が合格である。発育の初期は両脚を蛙のように曲げているが，次第に足を伸ばす（R 11）ようになる，寝返りの準備段階といえる。

腹臥位の姿勢検査では，這い這いが出来るようになるまでの運動発達の過程を調べているともいえる。つまり，這い這い姿勢が完成し，実際に移動が出来るようになる途中のどの段階にあるかが重要である。腹臥位姿勢を観察している時，子どもが左右に傾いたり，異常な緊張がみられた場合には，専門医（小児神経医）の診断が必要になる。腹臥位の子どもを真上から見下ろし，体重を支えている重心の位置を見ておくことも役に立つ。

2-5　自由姿勢の検査

自由姿勢の検査とは，玩具を提示して検査したり，姿勢などの観察を行う時の子どもの姿勢を指定していない検査項目のことであり，項目番号に M が付いている。

0 歳児の検査では，検査時の姿勢を検査に便利な順序に並べて，項目の実施順序が指定されている。しかし，自由姿勢の検査項目は，検査の順序が決められていない。すなわち，他の検査項目を実施している時に適時，検査項目を挿入して観察された行動をそのまま採点すればよい。

いくつかの検査項目については，これまでの説明の中で，既に検査手順を述べたものもあるが，ここでは，自由姿勢の検査項目を，一括し改めて説明する。したがって，説明が重複する項目もある。

(1) 鏡に対する反応とボール

M 25	自像に注視	M 28	ボールを押し付ける
M 26	自像に発声	M 29	検者とボール遊び
M 27	自像に触る		

通常は，座位で検査するのがよい。しかし，やむを得ない時は自像に注視（M 25）・自像に発声（M 26）を，仰臥位で検査する。

検査はまず，子どもに鏡を見せる。自像に注視（M 25）は，月齢 4 カ月に配当されているが，すべての新生児に検査してみるとよい。早期出産の新生児でも鏡の注視が認められる。鏡の反射による光の注視でなく，自像（の方向）を注視している時に，M 25 を合格とする。自像に発声（M 26）とは，鏡に映った自分の姿に微笑みかけたり声を出したりする行動であるが，必ずしも，声が出ていなくてもよい。鏡像への笑いかけでは，声の出ないこともよくある。表情の変化に注意したい。自像に触る（M 27）は，鏡に映った自像に反応して鏡を触る行動である。鏡の像に興味が向かない時には，鏡の

後ろを叩いて音を出してやると有効なことがある。

鏡像を注視している時，子どもの体側にボールを提示してみる。ボールの鏡像を見て自発的にボールを取らない時には，ボールを子どもに手渡して，ボールを鏡に押し付ける（M 28）行動が，自発的に生じるか調べる。手本となる行動を見せて誘導してはいけない。

鏡に対する反応の観察が終了してから，検査者とのボール遊び（M 29）を試みる。ボールを子どもの方に転がしてやると手で受けようとし，自分の手に持ったボールを投げたり転がして検査者に渡そうとする時，M 29 を合格としてよい。ボールは，検査者の方向へ正確に来なくてもよいし，検査者が転がしたボールをきちんと受け取れなくてもよい。検査者とボールをやり取りして遊べるかどうかが問題なのである。子どもがボールを転がそうとしない時，「チョウダイ」と声をかけてもよいし（検査項目 M 16・M 17 への導入），子どもがボールを離さない時には，子どもの手の中のボールを突いて転がしてみてもよい。そのようなきっかけで検査者とボールのやり取りが始まれば，M 29 を合格とする。

(2) 対人反応　1　追視・注視

M 1　顔を注視
M 3　人の追視
M 4　声の方を向く

検査者や母親の顔を注視（M 1）するか調べる。声かけをした時に注視するのでもよい。人の追視（M 3）は，検査者が検査用具を取りに移動する時などに適時観察する。観察の機会がない時には，この項目だけを独立して観察する。ベッドなどで，仰臥位の検査をしている時に検査者が 1～2 m 移動してみながら観察するのが適当である。声の方を向く（M 4）は，検査者の動きが見えないように子どもに声をかける。頭が側転しているときには，顔の向いている反対の方角（後ろ）から子どもに声をかけるのがよい。声だけでそちらを見たら合格とする。顔を向けた時，視線まで会う必要はない。また，頭が反対側まで回転する必要もない。

(3) 対人反応　2　微笑・笑いかけ

M 2　微　笑
M 6　微笑みかけ

微笑（M 2）は，子どもの自発的な表情の変化が，われわれにとって微笑んでいるように見えることであり，表情の変化の内容は必ずしも確かでない。苦痛に顔を歪めたり泣いたりする以外の表情が形成されてきたことを調べるので，微笑していることを厳密に確定する必要はない。それに対して，微笑みかけ（M 6）は，検査者に対しての自発的な働きかけが明瞭に認められる微笑である。母親に対しての微笑みかけでも M 6 を合格としてよいが，聴取によるのでなく検査者が観察して判定する必要がある。M 6 の開始は，泣くのとは違う方法で他者に対するコミュニケーションが始まったことを確認している。母親に声かけをしてもらう時，母親は発声と同時に無意識に子どもの身体に

触れていることがよくある。接触刺激をともなった声かけではないことに注意したい。

(4) 対人反応 3 発声

M 5　刺激に発声	M 24　喃　語
M 10　声をかける	

　新K式検査では，子どもの自発的な発声は検査項目として配置されていない。これは，この段階の子どもの発声を検査場面で引き出すことが困難なためである。言語反応の最初は，刺激に発声（M 5）で調べる。検査場面でいろいろな玩具を与えたりして，子どもに働きかけている時，子どもに対する身体的接触がなくても，検査者の働きかけに応じて声を出すとき，刺激に発声（M 5）を合格とする。検査場面の中で，子どもの方から自発的に声をかけてくれば，声をかける（M 10）を合格とする。

　喃語（M 24）は，「アー」とか「ウー」・「オー」などの単純な一種類の母音を発声するのではなく，「マンマン‥」「ブーブー・バーバー」などのように，2音節以上の発音を繰り返し発声するような状態をいう。

(5) 対人反応 4 対人関係

M 7　引き起こし　喜ぶ	M 11　人見知り
M 8　中断で不機嫌	

　引き起こし喜ぶ（M 7）は，仰臥位からの引き起こし（I 1・I 2）を検査する時の子どもの反応である。検査者が名前を呼びかけるなど，声をかけながら子どもを引き起こす時，子どもが起こされるのを喜ぶかどうかを調べる。中瀬（1981）の分析によれば，M 7の反応は，他の対人的な反応よりも首の座りに大きな関係がある。頭が遅れない（I 1）が合格になって初めて出現する反応とも言える。

　中断で不機嫌（M 8）は，検査中に次の検査項目を用意したり，簡単な記録などのために子どもとのやりとりが途絶えた時の，子どもの情緒的な変化を調べる。検査者の注意が子どもから離れた時にむずかったり泣き出したりするほどではなくても，検査者が働きかけている時と放置している時とでは状態が変化し，子どもの活動が減少するような時にもM 8を合格としてよい。

　人見知り（M 11）は，検査項目の中でもっとも検査と判定が楽な項目といえる。検査室に入った時の子どもの状態を観察して，検査者から回避するような反応があるかどうかを観察すればよい。ただし，検査者への人見知りではなく，検査場面を回避するための行動とは区別する必要がある。

(6) 言語理解

M 9　「イナイ・イナイ・バー」	M 15　指差しに反応
M 12　「バイ・バイ」	M 16　「チョウダイ」渡さぬ
M 13　「名前」に反応	M 17　「チョウダイ」渡す
M 14　「メンメ」	

ここで述べるのは，検査者など他者からの働きかけや声かけに対しての反応ではなく，検査者が話しかけた言葉の内容を理解しているかどうかを調べる検査項目である。声だけでなく身振りをともなった言葉かけでもよいが，子どもへの身体接触を伴ってはいけない。

「イナイ・イナイ・バー」（M 9）は，日常よくするように手掌で顔を覆ってはまた出して見るといった遊びの場面で観察してもよく，仰臥位で顔にかけられた布を取る（U 11）検査項目と同時に観察してもよい。何回か子どもの顔を布で覆い「イナイ・イナイ・バー」と言いながら，検査者の顔が見えたり隠れたりするように顔から布を取ってみる。子どもが喜んだら M 9 を合格として，子どもの顔に布をかぶせたまま布から手を離し，子どもが自力で布を取れる（U 11）か観察する。子どもの手が布の下に入っていると，その状態を嫌がって両手を動かすだけで布が取れてしまう。子どもの手が布の外に出ていることを確認する必要がある。

「バイ・バイ」（M 12）は，検査が終了して子どもが退室する時，検査者が子どもに「バイ・バイ」と声をかけながら手を振ってやればよい。子どもの反応は，声だけでも動作だけでもどちらでも構わない。手を横に振れず，手の掌を開閉するような動作は初歩的な反応であるが合格とする。母親に抱かれて退室する時，母親が子どもの服や腕を持って動かしていることがあるので注意しなければならない。それは子ども自身の反応ではないからである。

"名前"に反応（M 13）は，検査の途中で何回か子どもの名前を呼んでみる。名前は戸籍上の正しい読み方でなく，家庭で日常的に使用されている愛称でよい。この項目は，厳密に名前に応じているのではなく，呼びかけに反応している時合格としてよい。

「メンメ」（M 14）は，検査中に子どもがいたずらしたりする機会をとらえて，軽く「メンメ」と制止してみる。言葉に身振りをつけてよい。行動を中止しなくてもその意味を理解している様子が認められたら M 14 は合格とする。

「チョウダイ」への反応は，玩具を使用した検査項目で，次の玩具を提示しようとする時（通常は，座位），子どもが持っている玩具に対して「チョウダイ」と検査者が掌を上に向けて手を出してやる。検査者の手掌の上まで持ってくるが手を離して玩具を渡さず，そのまま子どもが保持している状態が「チョウダイ」渡さぬ（M 16）の合格であり，玩具を検査者の手に渡すことが出来れば「チョウダイ」渡す（M 17）が合格である。観察が困難な時には，改めて他の検査項目の時に試してみたらよい。玩具を検査者に渡した時（M 17 合格の時），「渡さぬ」（M 16）という状態はない。このように明らかに上位の検査内容が完成しているために，下位の検査項目に合格となる反応が出現出来ない時，下位の検査項目（この例では M 16）は，その発達水準を越えたという意味で合格として扱う。このような合格は，現実に達成している行動と区別するため無試行合格とよび ++（二重プラスと呼ぶ）の記号をつける。子どもの持っている玩具の種類によって渡したり，渡さなかったりする時にも，M 17 を合格としてよい。M 16 は，言葉の意味を理解していればよいので，検査者の手に持ってこなくても，言葉かけに対して玩具を取られないようにしようとするような反応についても合格とする。

指差しに反応（M 15）は，検査の途中に子どもがその時遊んでいる玩具でなく別の玩具などに，検査者は「オヤ」とか「アレ・ナーニ」などと言いながら何回か指差しをしてみる。機会がない時には，母親を指差しながら「お母さんよ！」と声をかけてもよい。検査者が指差している方向を見れば，M 15 を合格とする。検査者の指先だけを見ている時は，不合格である。

(7) 一人遊び

　ここで説明する検査項目は，すべて子どもの自発的な行動を観察して記録する検査項目である。観察が困難な時には，観察したい行動を誘導してみて，その後に子どもが自発的に繰り返した時合格とする。Mと分類されている検査項目では，観察すべき姿勢は特に限定されているわけではないが，一人遊びの反応は一般的に姿勢が決まっている。それゆえ，姿勢別に項目の説明をする。

1) 仰臥位の検査項目

M 18	手を見る	M 20	足をいじる
M 19	顔を覆う	M 21	足を口へ

　これらの検査項目は，仰臥位の検査場面で適時観察するのがよい。
　手を見る（M 18）は，子どもが自発的に顔の前に手をかざして遊んでいる行動である。手を顔の前まで移動させることが出来ることと，手掌を開閉したり動かしたりして，眺めて遊ぶことがあるのかを調べる。両手の運動を観察する検査項目，つまり，両手を触れ合わす（U 11），身体に触れる（U 12）と同時に観察するのが便利である。
　顔を覆う（M 19）は，顔の布を除く（U 13）の検査項目と同時に観察する。いうまでもなく自発的な遊びの中で，子どもが自分の着衣を引っ張って顔を覆うときには，改めて観察場面を設定しなくてよい。
　子どもが仰臥位で遊んでいる時，脚をどのように動かして遊ぶかを観察する。自発的な興味が足に向かない時には，検査者は子どもの足を持ち上げて手で触らせてやるなどの誘導をしてもよい。もちろん，誘導のあと自発的に生じた行動を合格とする。子どもが足（部分は問わない）を手で触って遊ぶ時，足をいじる（M 20）を合格とする。持ち上げた足先を口に持っていったり，なめたりした時，足を口へ（M 21）も合格とする。

2) 腹臥位の検査項目

M 23	取ろうとする

　腹臥位の検査項目，頭領域Ⅲに保つ（R 8），指で床を掻く（R 14），片手首を上げる

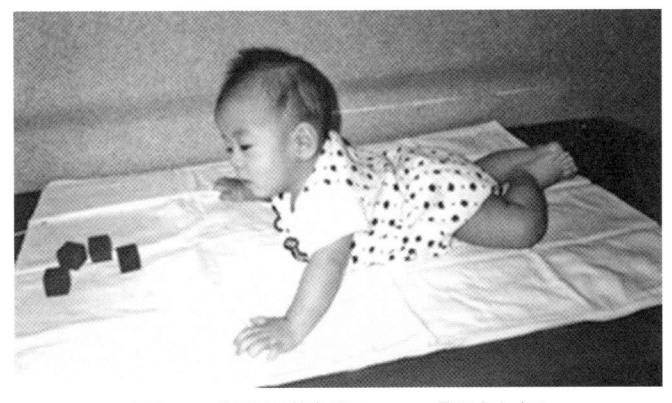

写真 2-9　腹臥位の検査項目　M 23　取ろうとする

（R 15）の検査と同時に観察する。手の届かないところの玩具を取ろうとする時合格とする。

3) 座位の検査項目

> **M 22　払い落とす**

　座位で積木や，他の玩具を用いて行う検査中に観察する。積木などの玩具を机上から払い落とす時，払い落とす（M 22）を合格とする。検査中に一度でも出現したら合格としてよいが，この行動は，自発的に生じる時にのみ判定し，検査者が誘導してはいけない。

第3章　1歳児以降（検査用紙3～5葉）の検査

　第3章では，検査用紙3葉以降の検査項目についてまとめて説明する。言い換えれば1歳を超えた子どもを対象とした検査項目である。

　新K式検査では，検査用紙の第1葉から第5葉まで連続して作られているが，よく見ると2葉と3葉の間だけは，検査領域の大きさが異なり，他と異なり検査用紙が完全には繋がらない。0歳児の検査と1歳を過ぎた検査では検査項目数が大きく異なるだけでなく，検査項目の内容にも大きな相違が生じている。1歳を過ぎると子どもたちは言語を獲得して行動の内容が0歳児とは大きく異なるからである。単純な表現をすれば，発達検査から知能検査に検査の内容が変化していくとも言える。領域別に調べると，姿勢・運動領域の検査項目は減少し，言語・社会領域の検査項目が増加する。このように，内容が大きく異なるので，1・2葉と3・4・5葉の検査項目を分けて説明する必要がある。

　検査項目は，姿勢・運動と認知・適応，言語・社会の3領域に分かれている。ただ，検査を行うとき認知・適応領域と言語・社会領域とでは，特別に違いを意識して検査する必要はない。そこで，姿勢・運動領域についてまず説明し，その後に，残りの領域について説明する。

3-1　姿勢・運動（Postural Motor）領域の検査

　1歳を過ぎた子どもを対象として，検査用紙では第3葉以降の検査項目は，一人歩きが出来るようになった後の立位の検査であり，独力で歩ける子どもの検査ともいえる。

　姿勢・運動領域は3葉以降検査項目は少なく，T 12・13・14，T 16～20の8項目しかない。姿勢・運動領域は検査項目が少ないのと同時に，4葉の始め年齢段階で3：0超～3：6にケンケン（T 14）を最後に検査項目は用意されていない。このことは，一般の子どもたちの発達の状態に対応している。ケンケンが出来るようになった後の運動発達を調べることが，知的機能の発達にとって重要ではないと考えられるからである。姿勢・運動領域の検査は，検査項目が少ないので最初に説明するが，実際に検査を施行するときには机上の検査項目が終了した後に検査する方がよい（T 12～T 20）。

T 12　歩く2・3歩

　判定基準は，子どもが独力で2，3歩前進出来れば合格とする。判定基準とは関係ないが，姿勢調整をして立位を保持しながら歩く様子，歩く時に，外反足，内反足，つま先歩き（尖足）がみられないかなど歩き方も観察しておくと便利である。

T 13　両足跳び

　判定基準は，その場で，両足で跳び上がれば合格とする。両足が同時に床から離れな

くても，両足ともに宙に浮いていれば合格としてよいが，跳んだ後，立位を保持出来る必要がある．着地の時に手をついたり尻もちをつくのは不合格とする．子どもが自発的にしない場合には，検査者や保護者が見本を見せた後の反応でもよい．

T 14　ケンケン

判定基準は，左右どちらかの脚を軸として，ケンケンで少なくとも 2, 3 歩前進できれば合格とする．片足ずつ交互に足を上げたり，着地の時に両足をついてしまうのは不合格とする．また，ケンケンをしている時に子どもがどの様に身体のバランスを保とうとしているかも観察しておくと便利である．自発的にしない場合には，検査者が見本をみせたり，母親に見本を示してもらったりした後やらせてもよい．

T 16　片手支持　登る

判定基準は，片手を支えると，歩いて階段（1 段の高さは 15〜20 cm 程度）を 3 段以上登れば合格とする．1 段ずつ足をそろえてもよい．何回か試行してもよいが，手を支える時，検査者が引っ張り上げるのは不合格とする．

T 17　片手支持　降りる

判定基準は，片手を支えると，歩いて階段（1 段の高さは 15〜20 cm 程度）を 3 段以上降りれば合格とする．1 段ずつ足をそろえてもよい．また，何回か試行してもよいが，支える手に体重をあずけて降りるのは不合格とする．

T 18　手すりで登降

判定基準は，手すりを自分で持ち，歩いて階段（1 段の高さは 15〜20 cm 程度）を 3 段以上登り降りが出来れば合格とする．1 段ずつ足をそろえてもよい．また両手で手すりを持って，あるいは壁をつたって登り降りしてもよい．何回か試行してもよいが，登ると降りるの両方とも出来ることが必要である．

T 19　交互に足を出す

判定基準は，手すりなどを持たずに独力で階段（1 段の高さは 15〜20 cm 程度）を 3 段以上，交互に足を出して登れば合格とする．何回か試行してもよいが，1 段ずつ足をそろえるのは不合格とする．

T 20　飛び降り

判定基準は，階段の最下段あるいは 15〜20 cm ぐらいの高さから飛び降りることが出来れば合格とする．ただし，またぐようにして片足を上の段に残したまま，他方の足で降りたり，飛び降りた後尻もちをついたり，前に倒れたりするのは不合格とする．自発的に飛び降りようとしない場合には，検査者が見本をみせた後やらせてもよい．

3-2 机上の検査

3葉以降の検査は，姿勢・運動領域の検査項目を除いて，認知・適応，言語・社会領域の検査項目は，原則として子どもを机の前に坐らせ，検査用具を机の上に提示して検査を行う。それゆえ，我々はこれらの検査項目を一括して机上の検査とよんでいる。参考のために，我々が使用している検査用の机を示しておく。図3-1の検査机は，左側のやや低いのが子ども用の机であり，右側の高い机が検査用具を準備したり，記録したりするための検査者用の机である。検査者用の机には，検査用紙などを分類して入れておける仕切りがある。

重要なのは，子ども用の机が低く検査者用の机との境に目隠し板があって，子どもが課題以外の検査用具が見えないこと，また記録している内容が見えないことにある。また，検査者の位置が子どもの向いている正面でなく，横に位置していることも，子どもの緊張をやわらげるのに効果がある。

1歳以降の検査については，項目の検査順序は特定の課題以外は定めていない。幼児の検査をする場合には，積木の課題が，子どもを抵抗なく検査に導入するのに適した課題である。例えば，2,3歳の子どもの検査をする場合も，まず，積木の塔の課題から入り，積木を積む時の手指の調整や，課題への集中の程度をみた上で，トラックの模倣，家の模倣，門の模倣というように積木の課題を順次実施していくと検査への導入が容易になる。そして合格・不合格の境界がどの年齢区分で出来るかをみて，可能ならば，4つの積木あるいは積木叩きの課題へ，さらには数選びへと積木を使用する課題を実施していくと検査を円滑に実施することが出来る。また，積木の課題の後，一連の描画課題を実施すると子どものおおよその発達水準を把握できて便利である。検査に対して不安や緊張の強い子どもに関しては，言語・社会領域の課題は，後半に実施するとよい。そうした方が検査者とのラポールもついて不安や緊張が柔らいでいるからである。

ただし，検査への導入を機械的に行うのはよくない。子どもの状況に合わせて柔軟に対応することが望まれる。始めから四つの積木に問題なく対応出来る子どもにまで，積木の塔から検査を始めるのはよくない。結局は，子どもの状態を見る検査者の目の問題にいきつく。

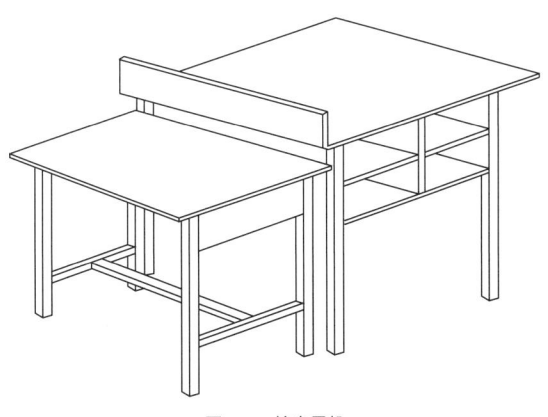

図3-1 検査用机

3-3 認知・適応（Cognitive Adaptive）領域の検査

認知・適応領域の検査項目とは，項目記号をPで示した検査項目であり，P1からP127まで合計135項目ある。0歳の検査では手掌の機能を中心として調べてきたが，1歳を過ぎると手掌の機能を利用することにより，形や図形の理解，描画など平面的・空間的な取り扱い，時系列的な理解力などが試されることになる。子どもによって，言語領域との間に取り組みの容易さが異なることも多いので検査にあたって注意が必要である。

(1) 積木の検査（P 20～P 29）

P 20	積木の塔 2	P 23	積木の塔 6
P 21	積木の塔 3	P 24	積木の塔 8
P 22	積木の塔 5		

　積木の塔（P 20～P 24）は，子どもが自分の力だけで積んだ積木の段数で判定するが，積木を放り投げたり，途中で自ら積木の塔を倒してしまうなど，子どもの課題への集中が悪い場合には，何度か試みさせてもよい。その場合，最も高く積み上げた積木の段数で判定する。土台となる積木の上に一つ積木を積んだ時，2段と数える。
　また，積木を積む時の手指の調整機能，ならびに，慎重に積むか乱雑に積むかなど積み方も観察しておく。

P 25　トラックの模倣

　積木の塔では，単に積木を積み上げるだけであったが，トラックの模倣では検査者が作る見本を模倣して，見本通りに構成出来るかどうかを調べる課題である。また，単に同じものを作るだけではなく課題を理解しているか，トラックに見立てて遊ぶかどうかも観察する。
　子どもの誤反応としては，4個の積木を積み上げてしまう。4個の積木を横1列に並べてしまう。手本の上に積木を乗せにくる。写真 3-1-a までは構成するが最後の積木を上に置いて写真 3-1 の b や c の状態にするなどがある。
　子どもが手本の上に積木を乗せにくる場合には，自分の手元で構成するよう再教示す

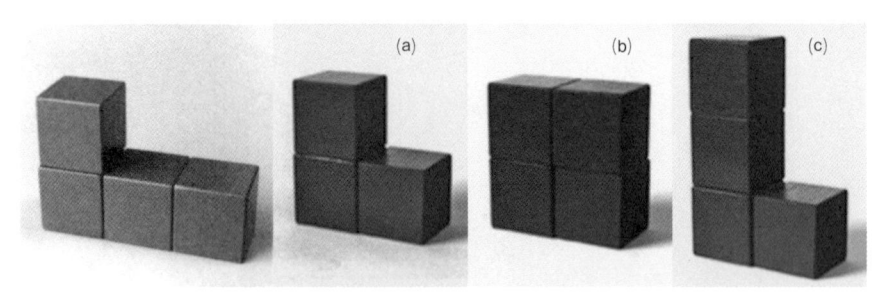

手本　　　　　　　　　　　　　　不合格例

写真 3-1　トラックの模倣

る。判定基準は，トラックに見立てて遊ばなくても，とにかく同じものを作れれば合格とし，積木（トラック）の向いている方向が例示と反対になっても合格とする。

P 26　家の模倣

家の模倣では，検査者は衝立ての後ろで積木を操作し，作るところを見せない。また，3個の積木で土台となる2個の積木の間に空間（隙間）のある家を構成しないといけない。発達初期の子どもにとっては，空間（隙間）を構成するのが困難で，その意味では，トラックの模倣よりも困難な課題といえるが，家の課題の方が容易な子どももあり，この年齢の子どもに対しては，トラックの模倣と家の模倣と両方の課題を実施しておく方がよい。

子どもの誤反応としては，3個の積木を積み上げてしまう。3個の積木を横1列に並べてしまう。手本の上に積木を乗せにくる。下の2個の積木の間隔をうまく調整出来ず，上に乗せる積木が落ちてしまったり，空間（隙間）が狭すぎたりするなどである。

判定基準は，下の2つの積木の間隔が，鉛筆が通る程度に開いており，屋根となる積木が上に乗っていれば合格とする。

　　　手本 　　　　　合格例（鉛筆が通る） 　　　不合格例（鉛筆が入らない）
写真 3-2　家の模倣

P 27　門の模倣　例後
P 28　門の模倣　例前

門の模倣では，下の2個の積木の間隔を調整し，もう1個の積木を斜めに乗せなければならない。手指の巧緻性ならびに構成力がP 26より以上に必要とされる。左右，上下，中央の積木の位置を調整する手指の機能，ならびに課題への興味の持続や集中力を調べる課題である。また，例後（P 27）の場合には，例示したことによって課題への取り組みがどの様に変化するかを観察する。

子どもの誤反応としては，（例示後も）中央の積木を斜めに置けず途中であきらめてしまう。（例示後も）中央の積木を斜めに置けず，写真 3-3 a や b のようにしてしまうなどがある。

判定は，中央の積木が斜めにのり，その両横に積木を置ければ合格とする。

門の模倣課題では，机の表面がすべりやすい場合は，下に図版などボール紙やハンカ

手本　　　　　　　　　　　　　　　　　不合格例

写真 3-3　門の模倣

チなど適当にすべりを止めるものを敷いて実施するとよい。P 27 例示は，始めに中央の積木を斜めにのせてから，両端の積木を乗せることとする。

P 29　階段の再生

手本

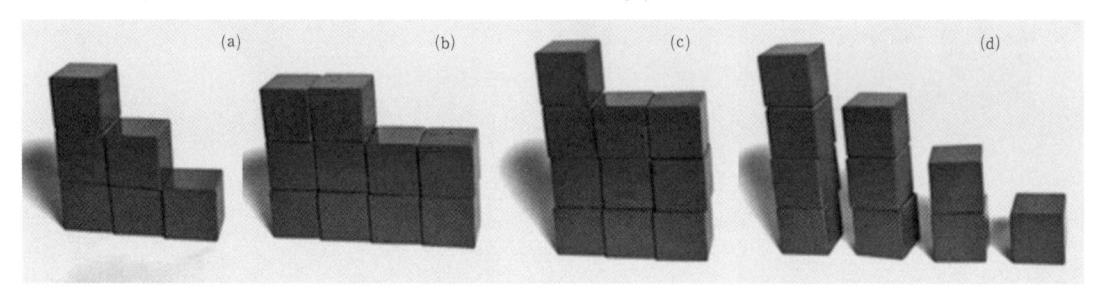

不合格例

写真 3-4　階段の再生

　階段の再生課題では，他の積木課題とは異なり，子どもが階段を作るとき手本の階段は崩され存在しない。子どもは見本の階段の状態を記憶し，（階段の）1段，2段，3段，4段という数や高さの系列などを理解して反応する概念操作の能力も必要と考えられる。

　子どもの誤反応としては，写真 3-4 a のように積木を2段または3段まで作るのに，その後混乱して写真 3-4　b, c のように階段状に積めないことがよくある。また，写真 3-4　d のように階段状になるが4本の柱のようにしてしまうこともしばしば経験する。いずれも，不合格である。

　判定基準は，手本と同じものを作れれば合格とする。階段の方向や積木の多少のゆがみは問わない。

(2) 記憶の持続（P 65・P 67）

P 65　包み込む

　全体隠し（P 64），部分隠し（P 63）に続いて，物の永続性，課題遂行のための注意の持続について調べる項目である。Uzgirisら（1975）の尺度ではかぶせる布の枚数を増やして，隠されているものを探し出せる能力を調べている。包み込む（P 65）では玩具（ミニカー）を布で包み込むことによって，課題遂行のための注意の持続力を調べている。ミニカーが出てくるまで布をゆっくりと開いて，ミニカーを手にするような反応は正答といえる。興味が布だけに向かっている行動は合格とはいえない。すなわち，布を振る，布ごとつかんで放り投げるなどの行動である。布をつかんで投げるときに偶然，自動車が外に出て，それを見た子どもが自動車をつかんで遊び始めても不合格とする。包まれた布をつかんで振ることにより，自動車を出そうとする方略をとる子どももいる。この場合，自動車を再び手にしようという子どもの視線など行動に十分注意し，車を手に入れようという意図が明らかにあれば合格としてよい。すなわち，布を振って自動車が出たことを知り，次には，自動車を出すため意図的に布を振って取り出した時も合格としてよい。

P 67　予期的追視

　包み込む（P 65），2個のコップ（P 97），3個のコップ（P 98）等の検査項目同様，物の永続性と追視能力や課題の意味が理解でき，検査者が課題を作成する間，「待つこと」が出来ることが前提となる。このような視覚的痕跡を利用した物の永続性課題の達成時期については議論のあるところである。
　正答例：衝立の左右どちらか一方から車，又は（ボール）を走らせ，他方に出てくることを経験させて，追視ができたところで，衝立の後で車（又はボール）を止めた時に1回でも車の出てくるところをあらかじめ注視することが出来れば合格とする（3試行中1試行でもよい）。
　誤答例：① 衝立で車が隠れたときに出口を見ずに追視が途切れてしまう。
　　　　　② 隠れた車あるいはボールを探す。
　　　　　③ 追跡せずに衝立を越えて車，ボールを取ろうとする。
　　　　　④ 課題状況に全く入れない。

(3) 課　題　箱

P 68	丸棒	例後	1/3
P 69	角板	例後	1/3
P 70	角板	例前	

　"子どもの利手の前に角穴がくるように，課題箱を標準点に置く"と手引きに書かれている。角穴とは角板を入れる長方形の穴ではなく，小さい正方形の穴のことである。
　通常，この課題を施行する年齢の子どもは，腕の使用において左右の分化が十分でなく，明確に利手が決定されているわけではない。検査の中で子どもがより優位に使用し

ている手を利手とみなしておく。利手の完成度合いも観察しておくとよい。

課題箱には，取手がついているため，右利きの子どもと左利きの子どもとでは穴の位置が同じにならない。利手を伸ばして，一番手近な穴へ持っていっても成功したという状態にならないことが肝要である。課題に偶然成功したと思われる場合には再試行する。例示はいずれも3回までとする。

課題箱は子どもの興味を引きやすい課題である。検査を遂行する中で，子どもの注意が散漫になったり，検査への構えがくずれてきたときなどに，タイミングよく提示すると子どもが興味を示し，構えをとりなおせることがある。検査用具は，課題の前や終了後は子どもの目につかないところに置く方がよい。なぜなら，課題箱に興味が向かい，他の課題への導入が困難になることがあるからである。同じことは，子どもが強く関心を示す材料すべてに共通してあてはまる注意事項である。

課題の提示後，子どもが丸棒を中央の丸穴の中に入れるとP 68が合格である。

丸棒を丸穴の中に突っ込むが，手が離せず，出したり入れたりを繰返したり，丸棒を左右いずれかの角穴に入れる時は，不合格とする。上記のような反応の場合，1試行ごとに例示を繰返してみる。例示は3回まで繰り返してよい。もちろん，言葉の指示だけで，例示しなくても丸棒を正しく入れれば合格である。

丸棒の検査（P 68）では，丸棒で子どもに例示すると，母親などが例示を繰り返したり口や動作で指示してしまうことがある。検査者以外が例示したり教示を繰り返したりしないように注意する必要がある。母親などが入れるべき穴を具体的に教えた時は，口頭による指示であっても例示とみなし，P 70は不合格とする。

子どもが，正しい穴に対して一生懸命入れようとするが，角度などをうまく調節できず，箱の中に入れることが出来ない時はP 70を不合格として，例示をして試行させる。例示は3回まで許される。

角板が入る正しい位置に入れようとするが，なかなか入れられない時，子どもの手を持って介助してやると入る場合がある。介助した時には，P 70は不合格である。その後，独力で角板を入れられた時，P 69を合格とする。

子どもが違った穴に入れようとしている時，母親などが「こっちにも穴があるよ」と声をかければ，P 70は不合格である。その後，改めて例示をし，独力で入れればP 69を合格とする。例示後，3回まで試行させてよい。

(4) は め 板

P 73　はめ板　円板　回転

円板を入れようと，はめ板の穴全部に順番に円板をあてがうことがある。結果として，円孔に円板をきちんと入れれば合格とする。

この課題では指示，例示をしてはいけない。はめ板の上に円板を置き，孔に入っていない時，円板を円孔の中に置くけれども一部がはめ板の上に乗って浮いている時は不合格である。このような時は，円板を指差し，きちんと入れるように教示を繰り返してみる。その後，子どもがきちんと入れれば合格とする。

P 74　はめ板　全　例無

子どもが孔の位置に正しく置くが，板の一部が浮いてきちんと入らない場合には，はめ込むように促す。はめ板の方を動かそうとする子どもがいたり，はめ板が動いたはずみで，上に乗っていた板が穴に入ってしまうこともあるので，検査者がはめ板をしっかり固定させておくのが望ましい。

提示された三枚の板だけで遊び，土台となるはめ板には注意を向けない場合には，子どもに板を一枚ずつ手渡し，そのつど土台となるはめ板の方に注意を促し，教示を繰り返してみる。ただし，この場合，はめ板の正しい穴を教示したり，指差したりしてはならない。このようにして三枚とも正しく入れれば合格とする。

P 75　はめ板　回転　全　1/4

P 74 が不合格であっても，P 75 では例示することにより課題の理解が生じ，合格する子どもがいるので，P 75 を試行させてみる必要がある。課題は P 74 に引き続いて行う。独立してできない時には例示をしてみせる。3 回まで例示してよい。例示後に完成しても合格とする。

いったん，ひとつをはめ板に正しく入れたのに，すぐ取り出してしまい，はめ板に三枚がきちんと収まった状態にならないことがある。板を入れたり，はずしたりして遊ぶ場合は不合格とし，例示後，第 2 試行を行う。ただし，1 つを入れたら，すぐに次の板を手渡してやるなど，いったん入れた板に注意が戻らないように工夫してみる必要はある。1 歳前後では，出し入れして喜ぶ行為がよくみられることに留意しておく。

(5) 入　れ　子

P 76　入れ子　3 個
P 77　入れ子　5 個

この課題は入れ子相互の空間関係の理解や系列化の操作能力をみている。入れ子は子どもの興味をひく課題ではあるが，再試行時には興味がうすれることがあるので注意を要する。

検査内容をわかり易く説明するため，入れ子の一番小さいものから順に A, B, C, D, 一番大きいものを E と命名しておく。

入れ子 3 個（P 76）は，B, C, D が入れ子になった状態で子どもに提示し，一番大きい D を中央に，中の入れ子を 15 cm 間隔で横一列に並べて出し，「さっきのようにナイナイしましょう」と教示し，子どもの反応をみる課題である。

正答例：① 正しく提示された状態になるよう D の中に C, C の中に B を入れ，例示通りに入れ子 3 個の状態になれば正答である（写真 3-5 a）。
　　　　② 試行錯誤した後，B, C, D の入れ子 3 個の状態になった時も正答とする。

誤答例：① D の中に B を入れ，上から蓋をするように C を入れた場合は誤答とする（写真 3-5 b）。この場合は再試行する。再教示して，最初の状態を提示して見せる（入れるところを子どもに見せないこと）。
　　　　② B のみ裏返して入れ子 3 個の状態にするのも誤答とする（写真 3-5 c）。
　　　　③ 入れ子 3 個とも裏返して塔のように高く積んだ場合は誤答とする。

(a) 正答例

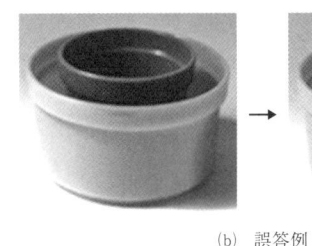

(b) 誤答例　　　(c) 誤答例

写真3-5　入れ子3個

　入れ子5個では，写真3-6正答例のようにEにDを，DにC……，と入れ子5個になった状態で子どもに提示し，中から1つずつ取り出し，入れ子5個は一番大きいEを中心としてその周囲に取り出した入れ子を並べる。教示は入れ子3個の場合と同じである。

　正答例：① Eの中にD，その中にC，さらにその中にB，そして最後にAが入り，手本通りの入れ子5個の状態になれば正答とする（写真3-6 a）。
　　　　　② 入れ子3個同様に試行錯誤は認める。
　誤答例：① CまたはDを蓋のようにして上からかぶせるのは誤答とする（写真3-6 b）。この場合，再度最初の入れ子5個の手本を提示してもよい。
　　　　　② 誤答例を示したが，手本以外の状態はすべて誤答とする。

(a) 正答例　　　(b) 誤答例

写真3-6　入れ子5個

(6) 折り紙

| P 78　折り紙　Ⅰ　　P 80　折り紙　Ⅲ |
| P 79　折り紙　Ⅱ |

　子どもが検査者の手元を見ているのを確認しながら例示する。折り紙に折り目が残っていなければ合格としないので，例示するとき検査者が折り目をつける様子をよく見せ

ておく。折り目をつけるために上から押したり叩いたりするように言葉で教示してはいけない。折った後，折り紙が自然に開いてもよいが，いずれも，折り目は全体の6割程度残っている必要がある。

P 78 折り紙Ⅰ
 合 格 例：① 折り目が全体のほぼ6割以上あれば合格（写真3-7，合格例 a）。
      ② 多少，斜めに折り目がついていても，対角線までなら合格（写真3-7，合格例 b）。
 不合格例：① 折り目が6割未満の場合は不合格（写真3-7，不合格例 c）。
     ② 折り目が対角線の場合は不合格（写真3-7，不合格例 d）。
     ③ 折り紙Ⅰで折り紙Ⅱまで勝手に折ってしまう（写真3-7，不合格例 e）。または，折り紙Ⅱで，折り紙Ⅲまで勝手に折ってしまうときは，不合格とする。

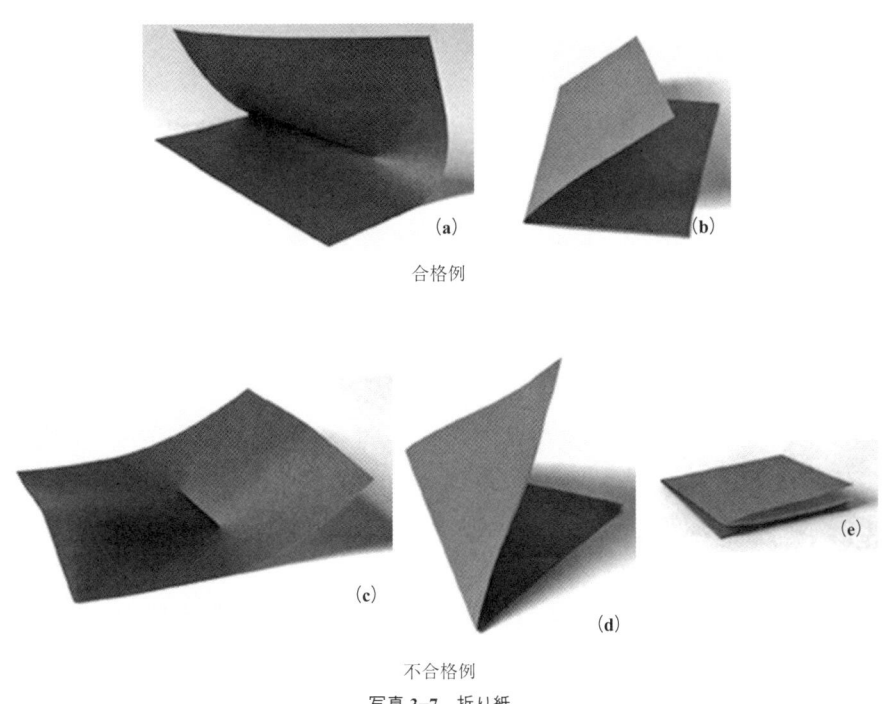

合格例

不合格例
写真 3-7　折り紙

P 79 折り紙Ⅱ
P 80 折り紙Ⅲ
 P 79，P 80 の判定基準も考え方は，P 78 と同様であり折り方の多少のずれは許す。折り方が不十分であって子どもが手を離したとき，折り紙が開く時，前の段階（P 79 では P 78 の見本，P 80 では P 79 の見本）まで開くのは許すが，それ以上に開いてしまう時には不合格とする。
 P 79 では，自然に写真3-7の合格例の状態にまで開いてもよいが，折り紙を開いて見た時に，中央部に十字が残っている事を合格とする最低条件とする。
 P 80 では，自然に写真3-7 e の状態にまで開いてもよいが，対角線の折り目が判るように残っている必要がある。

(7) 形 の 弁 別

P 81・82　形の弁別Ⅰ　1/5, 3/5

　形の弁別Ⅰでは刺激図形を子どもに渡し，同じ形をした弁別図形の上に置くように教示する。
　刺激図形を同じ形の弁別図形の上に置けば，位置がずれたり，きちんと重ならなくても合格とする。また，正しい位置に示した後すぐ手元に戻しても合格とする。
　刺激図形をすべて，中央にある十字形のうえに重ねる時でも，十字形の刺激図形を弁別図形の十字に形をそろえてきちんと重ねれば，十字を正答として P 81 を合格としてよい。

P 83・84　形の弁別Ⅱ　8/10, 10/10

　形の弁別Ⅰでは，刺激図形を弁別図形に直接重ねさせる。それに対して，形の弁別Ⅱは正しい図形を指で指示して答えることを要求している。
　子どもが教示内容をよく理解出来ず，提示定規を移動して弁別図形に重ねようとすることがある。そのような時は再び教示を繰り返す。それでも指で差し示すことが出来ない場合は円図形で例示する。この場合，円図形は正答としない。
　子どもが弁別図形の全体をよく見ないで誤答するときは，もう一度弁別図形を見直すように促してみる。自発的に訂正出来れば正答とする。「これでよい」と答えた場合は誤答として，次の図形へ進む。正答を誘導するのではなく，弁別図形全体に注意を促すのが目的であるので，必要以上に尋ねてはならない。弁別図形全体を見るようにするため，弁別図形の図版の輪郭を大きく指で円を描くように指示してやるのがよい。

(8) 重さの比較

P 85　重さの比較　例後　2/2
P 86　重さの比較　例前　2/3

　我々の標準化資料によれば，75% の子どもが大小比較に合格する年齢はおよそ 2 歳 8 か月，長短比較では 3 歳 1 か月である。これに対し例示のない重さの比較は 4 歳 3 か月で，大小，長短理解よりかなり後になる。このように，重さの比較が難しいのは，重さが目に見えず，より抽象的な概念であるからと考えられる。
　この課題では，①正しく比較する，②重い方を選ぶという 2 つの条件を同時に満たすことが必要である。正答になる前段階の反応として，比較せずに一方のおもりを取り上げる，両方のおもりを見較べるが，手に持たず見ただけで一方を取り上げる，おもりの固さを調べるかのように 2 本の指先で強くつまんでみる，一方のおもりを取り上げて振ってみるなどがある。このような方法で，偶然重い方のおもりを検査者に手渡しても誤答である。
　第 1 試行では比較せずに取り上げたけれど，第 2 試行では偶然取り上げたおもりが第 1 試行のそれより軽いことに気付いて選び直した場合。比較せずに重い方のおもりを 2 回続けて取り上げ（1/4 の確率で生ずる），第 3 試行で取り上げたおもりが軽いことに

気づいて選び直した場合である。正しく比較されない場合を誤答とすると，初めの例は 2/3 で合格基準を満たし，次の例では 1/3 で合格基準を満たしていないということになる。しかし，両者ともに前の試行が，正しい比較の手続きの一部分として生かされ，自発的に正しい結論に到達しているから，この課題の目的にてらしてみれば合格とすべきである。更に，3 試行とも比較せずにおもりを取り上げるが，第 3 試行で誤りに気付いて困惑の表情をうかべる場合がある。以上のことから，自発的に誤りに気が付いて，正しい比較の方法を取り入れた場合には，再試行の結果によって正答と判定してよい。比較するという操作が観察されない場合は，不合格とする。

| P 87　5 個のおもり　2/3 |

2 個のおもりの重さの比較が出来るようになった子どもが，3 gm 間隔で変化する 5 個のおもりを重さの順に並べられるようになる年齢は我々の資料から 75％ 通過年齢で調べると 8 歳 4 か月である。重さの違いを系列として，順序づけることが出来なければならないし，3 gm の重さの差を正しく識別しなければならない。

この課題に対する反応を判定するについては特に説明を要しないであろう。一方，この課題で，子どもの知的発達のさまざまな段階を表わす多様な反応を観察することが出来るという意味では，大変興味の深い課題であるので，ここではそうした行動観察の参考としていただくためにピアジェの考え方を紹介しておく。

ピアジェ（1965）は，二つの重さの比較が正しくできる子どもに，外見の同じ三つのおもり A, B, C（重さの順 A＞B＞C）を重さの順に並べさせると，次のような三つの発達段階が見出せると述べている。
① 系列化の存在しない全体的配列の時期
② 経験的系列化の時期（5～6 歳）
③ 関係の協調をともなう操作的系列化の時期（7～8 歳）

①は A, C の二つのおもりだけを測り，A＞C＞B とするような反応である。②は A＞B, A＞C のように二つずつ測って比較はするが，二つの対（A＞B, A＞C）相互の関係を関係づけることが出来ない。したがって，この場合は A＞B＞C あるいは A＞C＞B になり，1/2 の確率で正しく配列されることもあるわけである。③の段階では，A＞B, B＞C の比較から A＞B＞C の順序づけが導き出せる。一般的には，置かれているおもりの中から，一番重いもの（あるいは軽いもの）を取り出す方法で系列化してゆく方法がとられる。

5 個のおもりの課題では，ピアジェの三つの発達段階にまたがる多様な反応が観察されるだろう。

（9）図形の構成

| P 88　四角構成　例後　2/2 |
| P 89　四角構成　例前　2/3 |

例後の検査を施行するため，例示する時は子どもの注意を促しながら，丁寧に実施する。しかし，同じ形になったということを強調しようとして，四角積木の上に構成した積木を重ねて示してはいけない。

正しく長方形が構成できれば，向きが手本とは違っていても合格とする。

いろいろ試しているうちに偶然正しい構成に到達するがそれに気づかず，また形を崩してしまうときは不合格である。

```
P 90〜93    模様構成Ⅰ    1/5, 2/5, 3/5, 4/5
P 94〜94 c  模様構成Ⅱ    1/3, 2/3, 3/3
```

模様構成Ⅰと模様構成Ⅱは独立した系列として扱う。そのため，模様構成Ⅰ4/5（P 93）に合格しなくても模様構成Ⅱを試してみる方がよい。特に模様構成Ⅰの図3〜5で正答した子どもには，念の為に模様構成Ⅱも実施してみるのが望ましい。模様構成Ⅱでは，図1, 2が誤反応の場合でも図3まで実施するのはいうまでもない。

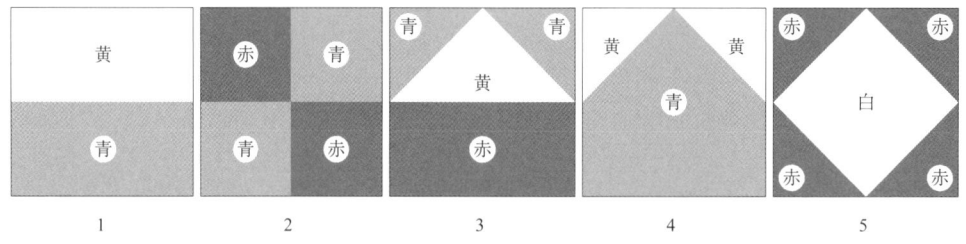

図3-2 模様構成Ⅰ（実際の図版には写真に記入したように色わけされている）

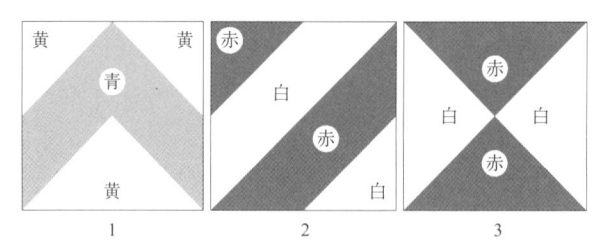

図3-3 模様構成Ⅱ（Ⅰと同様に，色わけされている）

この課題は制限時間が設けてある。子どもによっては制限時間になる以前に「わからない」と投げ出す場合がある。そのような時は，もう少し考えるよう促し，制限時間いっぱいまで見守るようにする。また，一生懸命に取り組んでいる場合，制限時間を越えても待ってやる方が，意欲を高めるうえで有効なことがある。しかし，待ちすぎて，練習試行になるのは望ましくない。状況に応じて適当（おおむね制限時間）に切り上げるようにするのが望ましい。途中で邪魔されたと感じさせないように次の課題に誘導する技術が期待される。また誤答の場合も，反応内容を検査用紙に記録しておくと参考になることがある。

手本と同じ模様ができても気づかず，また崩してしまう時は，正答としない。

手本となる模様図形の上に積木を重ねようとする時は，「手本を見ながら，その隣に作るのですよ」などと教示し，手本と積木を所定の位置に戻して再試行させる。

(10) 玉つなぎ

P 95　玉つなぎ　1/2

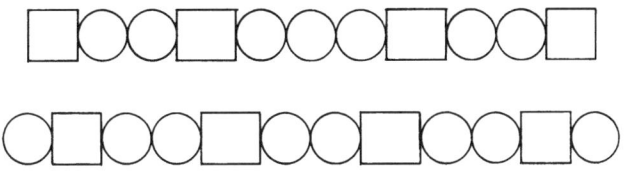

□○○□○○○□○○□
○□○○□○○□○○○□

図 3-4　玉つなぎ（手本）

　この課題にも制限時間がある。子どもは時間を意識していることが少なく，床の上に玉を落としてもゆっくりとしている。検査者が拾ってやるなどの配慮が必要である。1試行目が制限時間内に出来ない場合，「次は，さっさとやろうね」と言ってよいが，特に急がせないで2試行目を実施する。反応態度の観察も大切である。

　手掌の機能等に障害があり，制限時間内に完成することは出来ないが，正しく反応するときも，不合格であるが，正しく反応出来たことを記録しておく。このような場合には，課題の理解が出来ないのか，制限時間だけが不合格の原因であるのか，不合格の理由を明らかにすることが大切である。

　検査者が紐をもち，子どもに玉を通させるような検査をおこなってはならない。この課題は手指の功緻性も調べている。このように検査の目的は多面的であり，特に記載されていない限り，手助けをすることは認められていない。

P 95 b・c　記憶玉つなぎ　1/2, 2/2

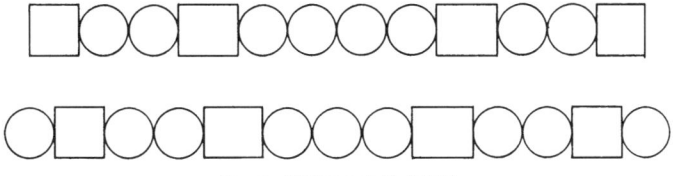

□○○□○○○□○○□
○□○○□○○□○○○□

図 3-5　記憶玉つなぎ（手本）

　手本を作る時には，後で同じものを作ってもらうこと，手本は隠してしまうことをあらかじめ知らせて，検査者が手本を作る過程をよく見ておくように注意をうながしておく。手本を作成した後に提示するときには，子どもが玉に触れて数を確認したりしていても，提示時間の5秒が過ぎれば，子どもの目に触れないように隠してしまう。

　当然のことであるが，覚え方を教えるなどの手助けをしてはいけない。また，子どもが作成したものが手本と違っていた時にも，手引きにある言葉どおりに再質問するだけで，それ以上に教示をつけ加えてはいけない。

(11) 財布探し

P 96　　財布探しⅠ
P 96 b　財布探しⅡ

財布探し（P 96・P 96 b）の判定基準は，子どもの反応が，
① 合理的であるか。
② 計画性を持っているか。
の二つの視点から調べるものである。

　財布探しの検査項目については，標準化資料とは別に 826 名の検査結果から詳しい分析を行った（中瀬，1986）ので，結果を簡単に紹介し参考に資するが，詳細については直接，文献を参照してほしい。

　子どもたちの代表的な反応例を図 3-6 に示した。反応内容を探索の図形的特徴によって分類すると，低年齢では課題図（検査用紙第 5 葉裏面）の輪郭にそった渦巻き状の探索が多く，年齢が高くなるに従ってジグザグなどの探索方法が増加する。その他に，一見複雑で高度の計画性があるように思われる探索方法も生じる（図 3-6(6)不合格例参照）が，資料を分析すると特定の年齢段階（小学校の低・中学年）だけに発生する一時的な反応であることがわかった。それゆえ，このような複雑な反応は，すべてを正答とする必要がないと考えた。

　子どもたちが描く反応に認められる，年齢の増加にともなって単調な増加を示す特徴は，探索方法の変化ではなく探索の詳しさ（描画の精緻さ）の増加であることが明らかとなった。それゆえ，反応の合理性は，描かれた探索図形の形式によって判定し，探索の計画性は描画の精密さによって判定するのがよいと考える。

　以上から，P 96・P 96 b を合格とする具体的な判定基準は，以下のようにまとめられる。

1) 合格とする反応
　①探索の合理性は，子どもの描いた図形の形で判断する（図 3-6(1)，参照）。
　　a）渦巻き状の探索図（図 3-6 a, b 参照）。
　　b）ジグザグ状の探索図（図 3-6 c〜g 参照）。
　　c）その他，例数の少ない探索図（図 3-6 h 参照）で探索が合理的と考えられる基準。
　　　　⑦　探索方針が一貫していること。
　　　　④　同じ所を通らず，入り口から出口まで一回で歩けること（いわゆる，一筆書きで描かれていること）。
　②探索の詳しさは，子どもの描いた図形の周回数や屈曲の数（以下周回数という）で判断する（図 3-6 参照）。
　　a）2 回以上周回している時，P 96 を合格とする。
　　b）4 回以上周回している時，P 96 b も合格とする。
　　周回数の数え方は，課題図に縦または横に縦断する線（垂直線又は横断線）を引き，どちらかの線に交わった回数（多い方）を 2 で割ったものと定義する。

2) 不合格とする反応
　合理性と計画性に欠け，不合格とする反応の実例（図 3-6(5)，(6)参照）と，その説明を以下に述べる。
　①無反応。
　②課題図からはみ出す反応（図 3-6 r 参照）。
　③単純な反応（図 3-6 q 参照）。
　④交差の多い反応（図 3-6 w 参照）。
　⑤同じ場所を複数回（後戻りするなど）通らなければならない反応（図 3-6 t, u, v 参照）。

(a)

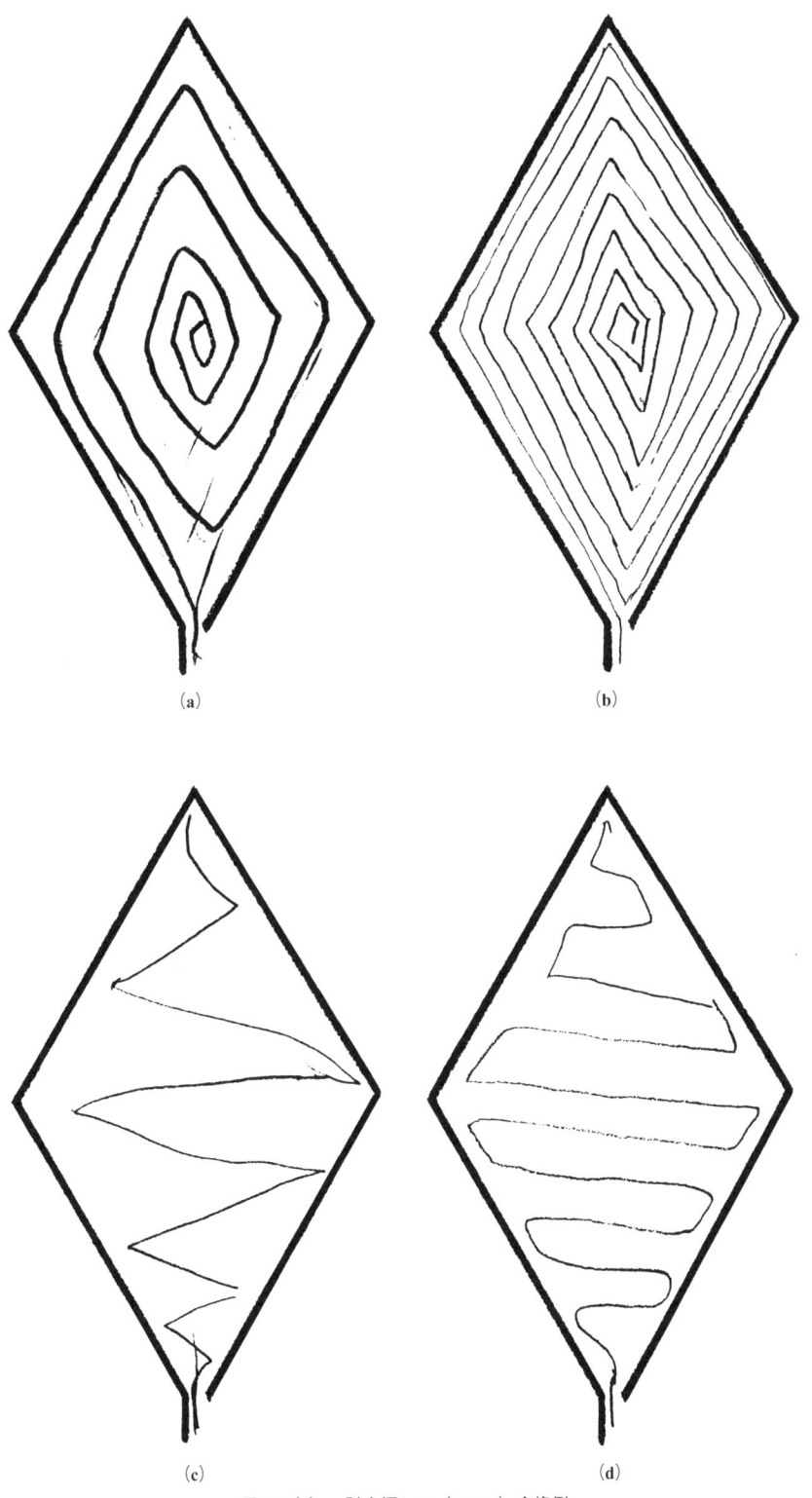

(b)

(c)

(d)

図 3-6(1)　財布探しⅡ（P 96 b）合格例

50　第3章　1歳児以降の検査

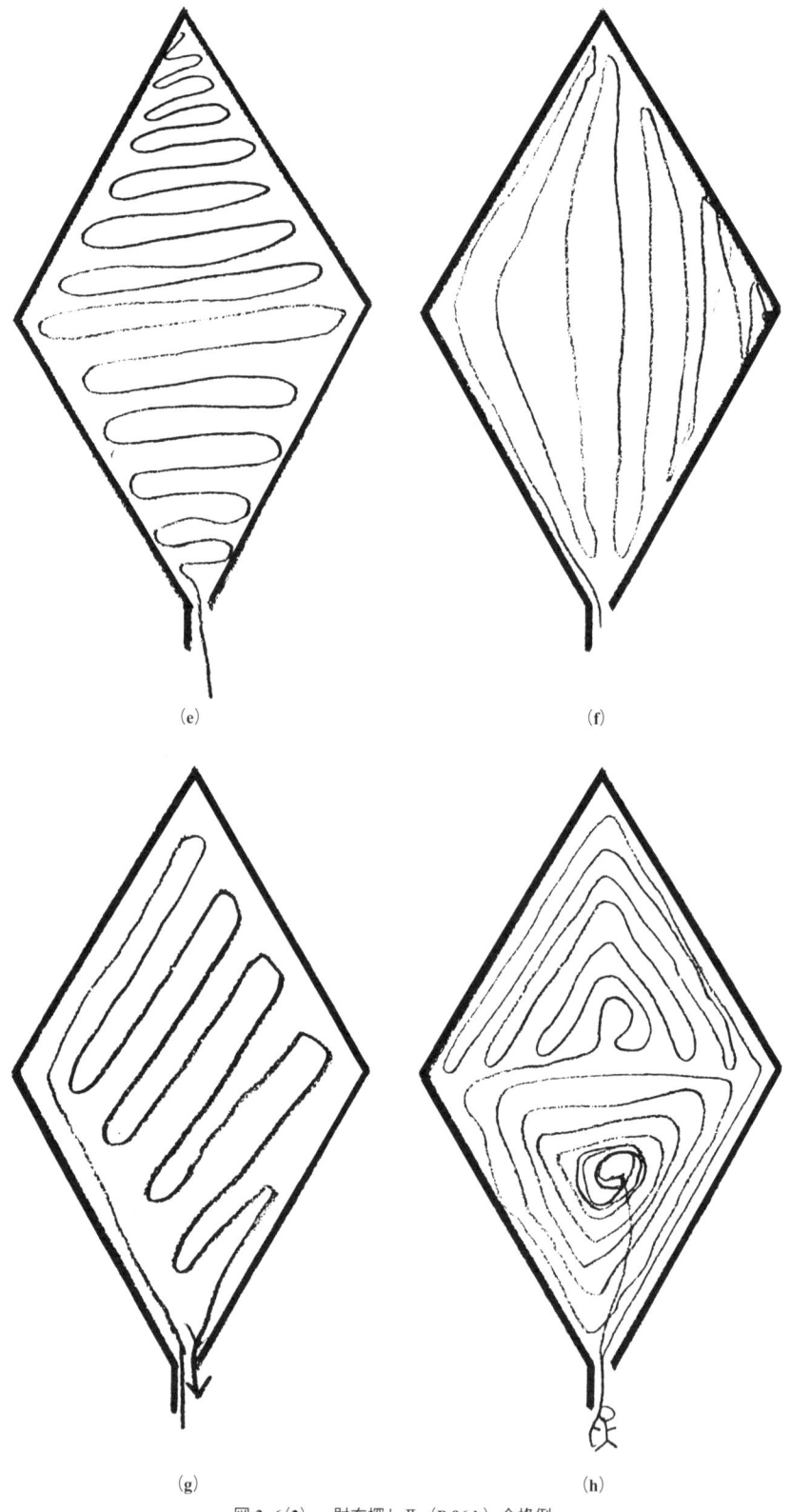

(e)

(f)

(g)

(h)

図3-6(2)　財布探しⅡ（P 96 b）合格例

(i) (j)

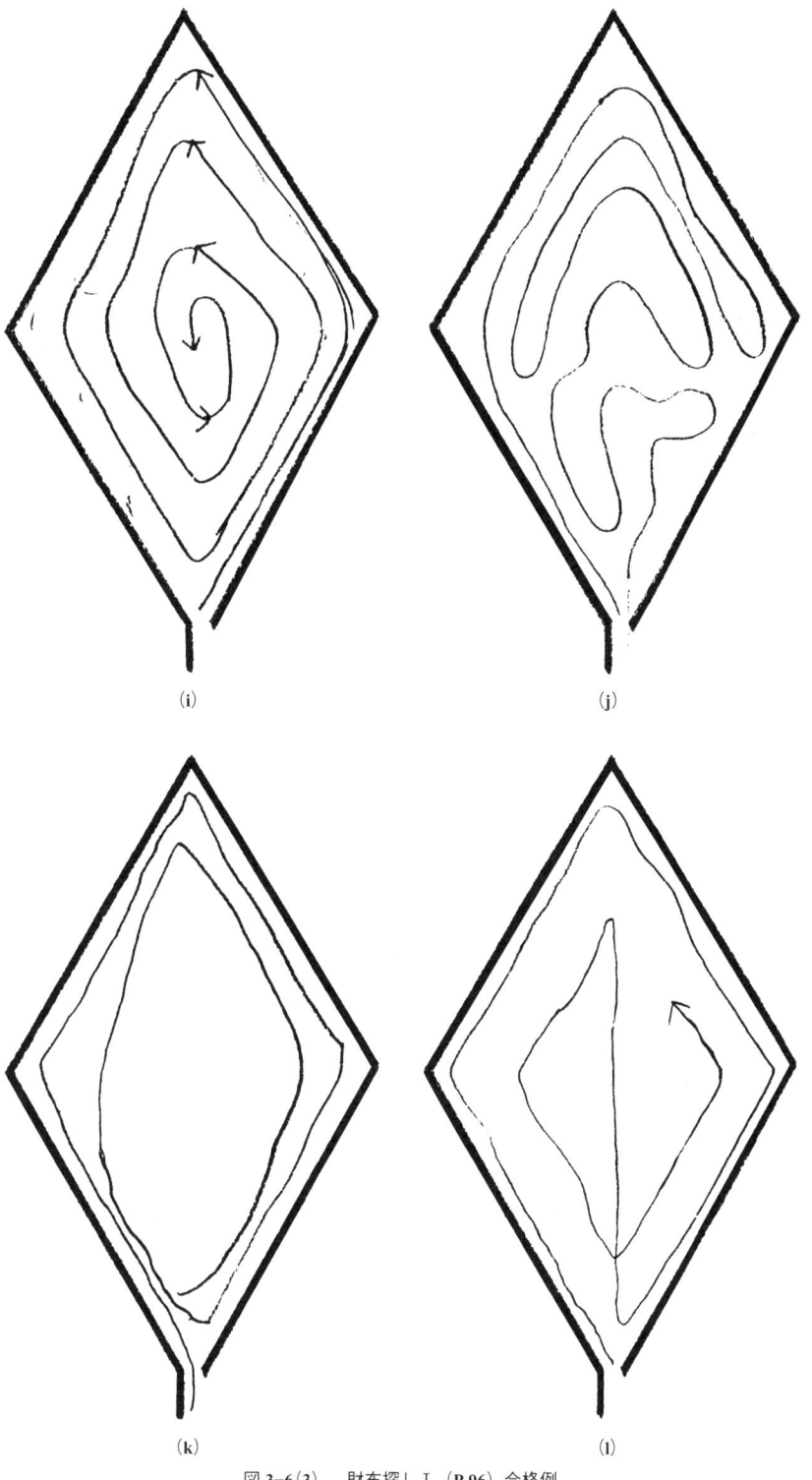

(k) (l)

図 3-6(3)　財布探しⅠ（P 96）合格例

(m)　(n)

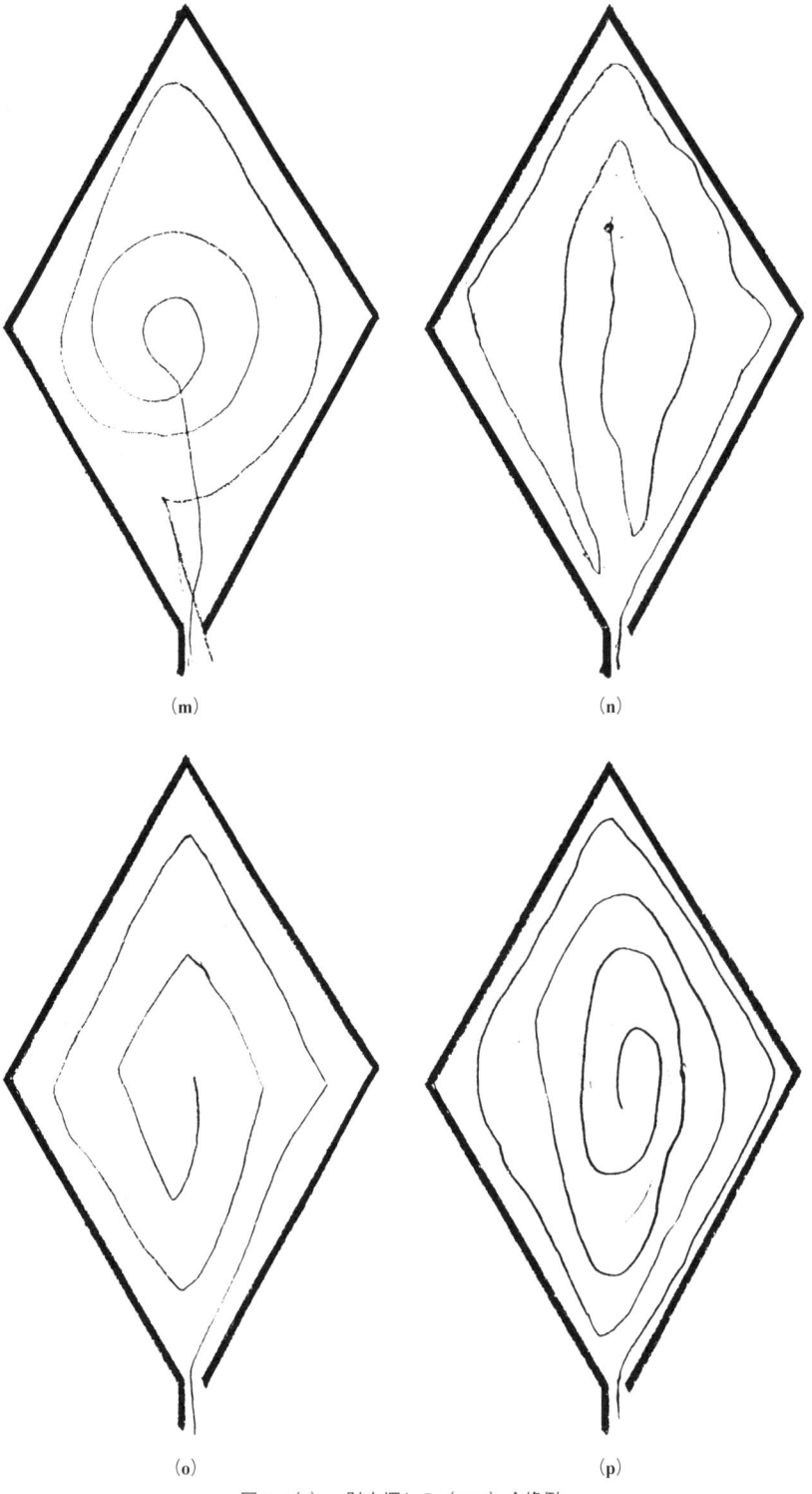

(o)　(p)

図 3-6(4)　財布探し I（P 96）合格例

3-3 認知・適応領域の検査　53

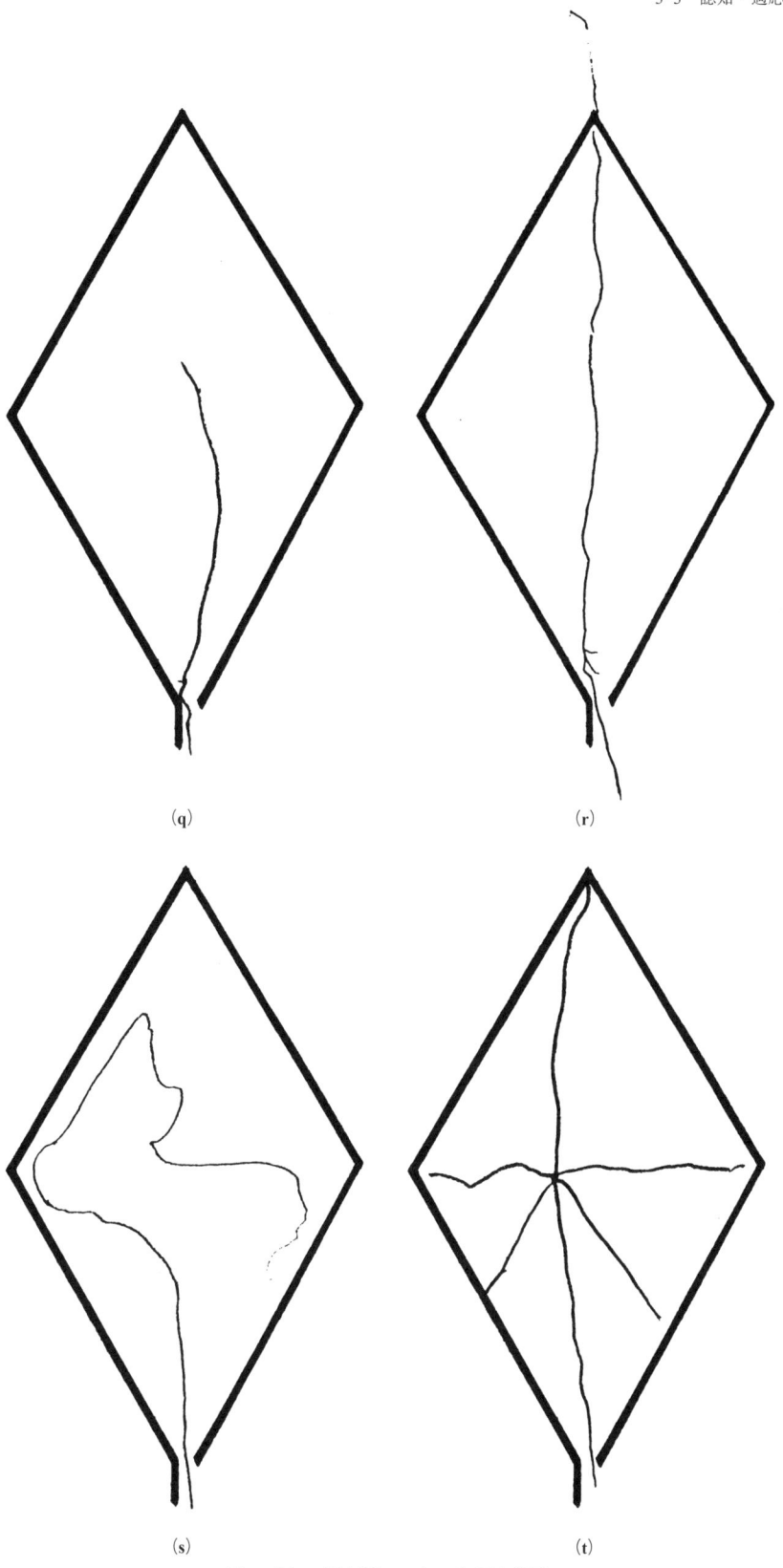

(q)　(r)

(s)　(t)

図 3-6(5)　財布探しⅠ（P 96）不合格例

54　第3章　1歳児以降の検査

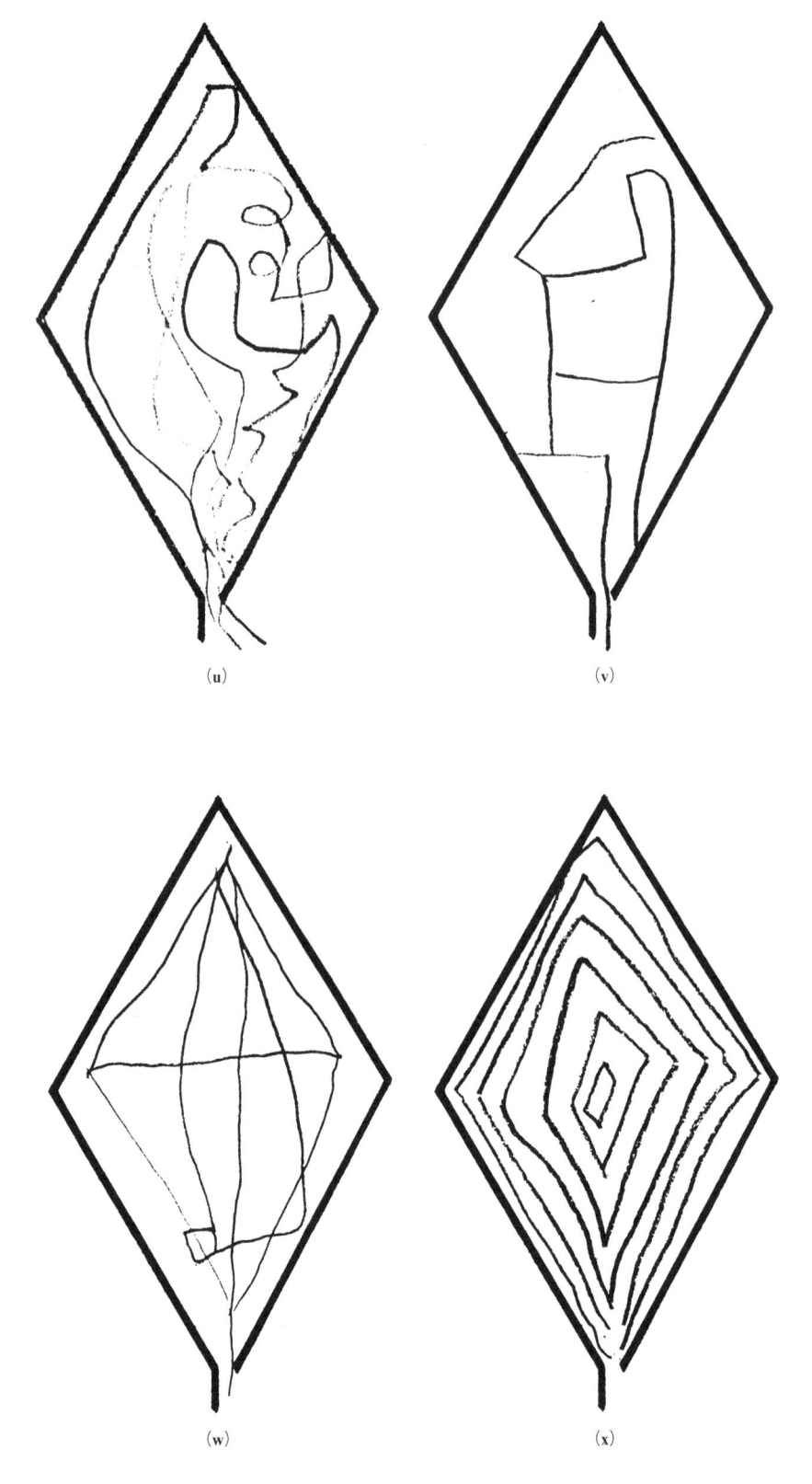

(u)　(v)

(w)　(x)

図3-6(6)　財布探しⅠ（P 96）不合格例

⑥入り口に何回も帰る反応(図3-6 u 参照)。
⑦実際には不可能な経路を描く反応(図3-6 x 参照)。

(12) コ ッ プ

| P 97　2個のコップ　2/3 |
| P 98　3個のコップ　2/3 |

　2個のコップ(P 97),3個のコップ(P 98)の課題は,物の永続性と注意の持続を調べる検査項目であり,臨床的にはその他にも,課題の進行をゲームとして楽しめるかなど,多くの情報を与えてくれる課題である。

(1) **2個のコップ**
正答例:① 3試行のうち2試行で,犬が隠された青コップを持ち上げ,犬を探し出せれば正答とする。
② 青コップを指して教える場合も正答とする。母親や検査者の手を取って青コップを取らせる場合でも,明らかに青コップの下に犬が隠れていることを子どもがわかっているような場合は正答とする。
③ 検査者(あるいは母親)と青コップとの間に何回か視線を往復させる(以下,交視という)反応は「わんわんはどこ?」などと言って促してみる。視線だけの交視に終わる場合は誤答とする。
誤答例:① 赤コップと青コップの両方を同時に持ち上げた場合は誤答とする。
② 青コップに手を伸ばしかけ,赤コップを取った場合も誤答とする。
③ 青コップを持ち上げた後,犬に興味を示さず,すぐに赤コップを持ち上げた場合も誤答とする。

(2) **3個のコップ**
　犬を隠して,3個のコップを衝立で隠す時間が,待てない子どもがいる。衝立の後ろに手をのばさないようにして所定の時間(5秒)待たせる必要がある。
正答例:① 衝立を検査者が取り除いた後,犬が隠されているコップを持ち上げるか,正しく指示できれば正答とする。
② 母親あるいは検査者の手を取って取らせる場合は,明らかにそのコップの中に犬が隠れていることを子どもがわかっているような場合は正答とする。
③ 検査者あるいは母親と,隠されているコップとの視線の交視だけの反応は「ワンワンどこ?」などと言って促してみる。視線だけの交視に終わる場合は誤答とする。
誤答例:① 衝立で隠されている時間(5秒間)が待てない場合は誤答とする。
② 衝立で隠されている間に,衝立の下から手を入れるなどしてコップに触れたりする場合も誤答とする。
③ 犬が隠されているコップを正しく持ち上げても,すぐ別のコップを持ち上げた場合は誤答とする。

(13) 描　　画

P 99	なぐり描き　例後
P 100	なぐり描き　例前

　この検査項目は 22 頁ですでに説明している。詳しくは 22 頁を見て欲しいが，図 3-8 (5)-(6)の，円錯画の誤答例は，なぐり描きとしては正答である。これ以外にも点をたくさん打ちつけるような反応も合格としてよい。

(a)

(b)

図 3-7(1)　　なぐり描きの例（原図を 54％ に縮小してある）

(c)

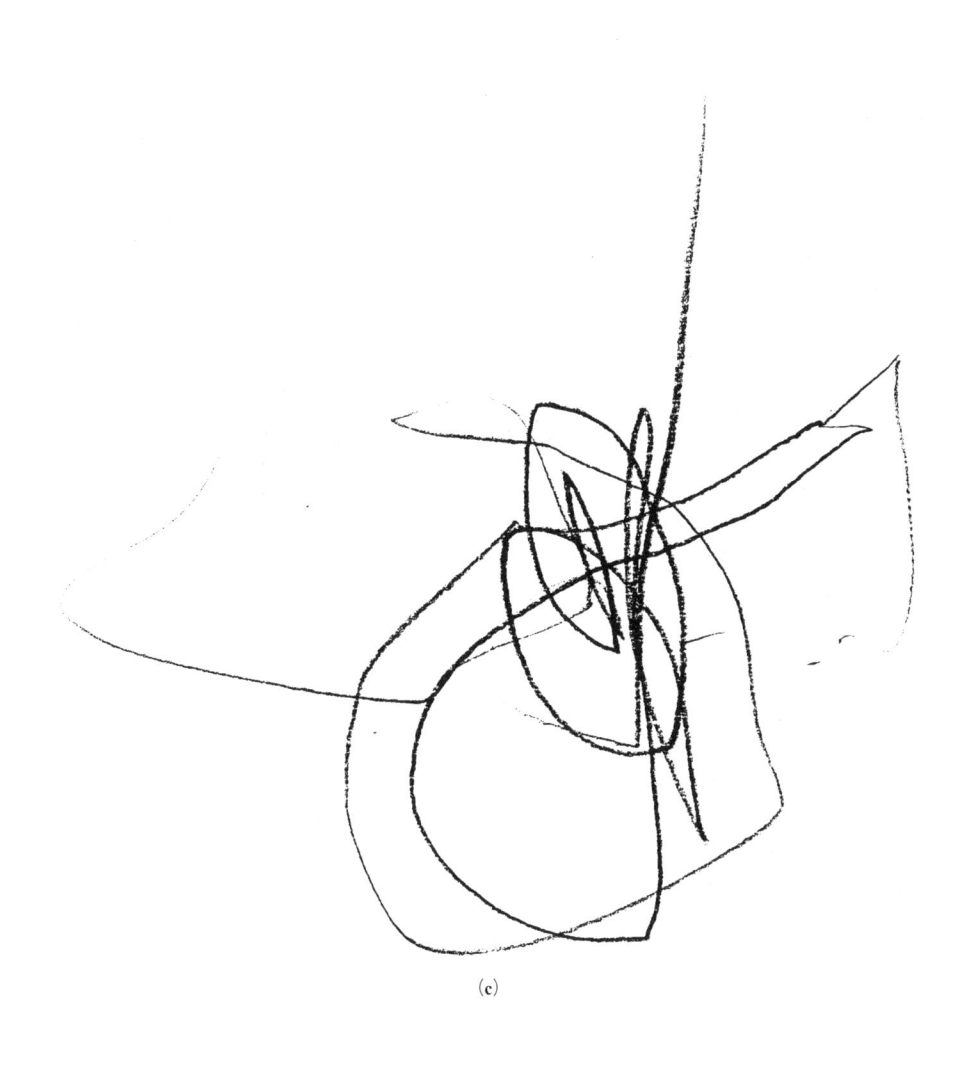

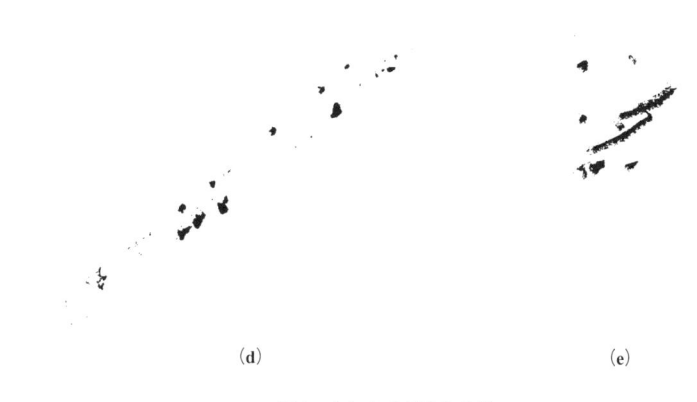

(d)　　　　　　　　　　　　(e)

図 3-7(2) なぐり描きの例

P 101　円錯画　模倣

　この課題は，検査者が描画用紙（検査用紙の裏等）の上に，「グルグル描こうね」と言って例示し，それを真似て螺旋にならなくても角のない丸い線を描いたときに合格とする。

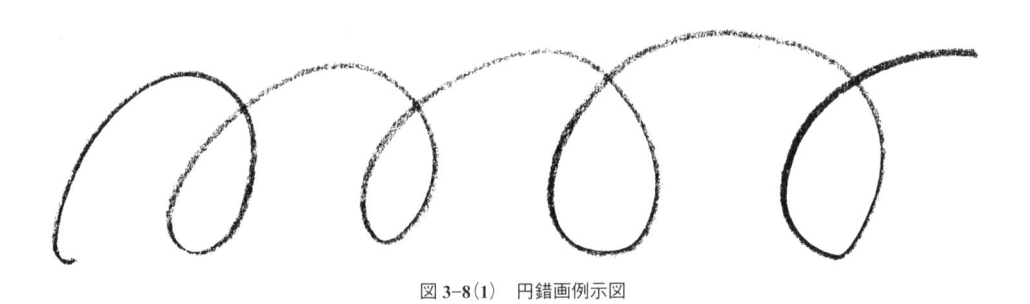

図 3-8(1)　円錯画例示図

(a)

図 3-8(2)　円錯画合格例

(b)

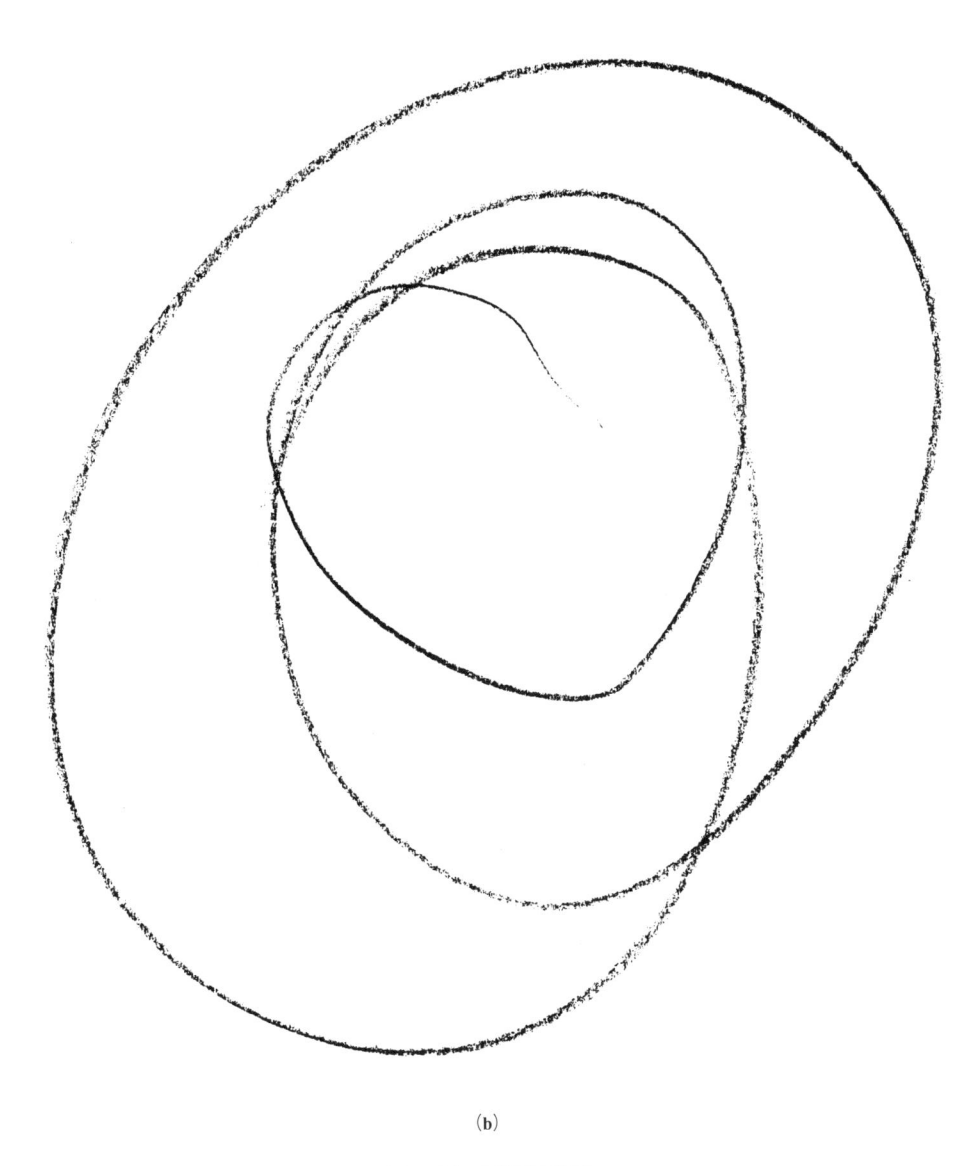

図 3-8(3)　円錯画合格例

(c) （用紙からはみ出した描画）

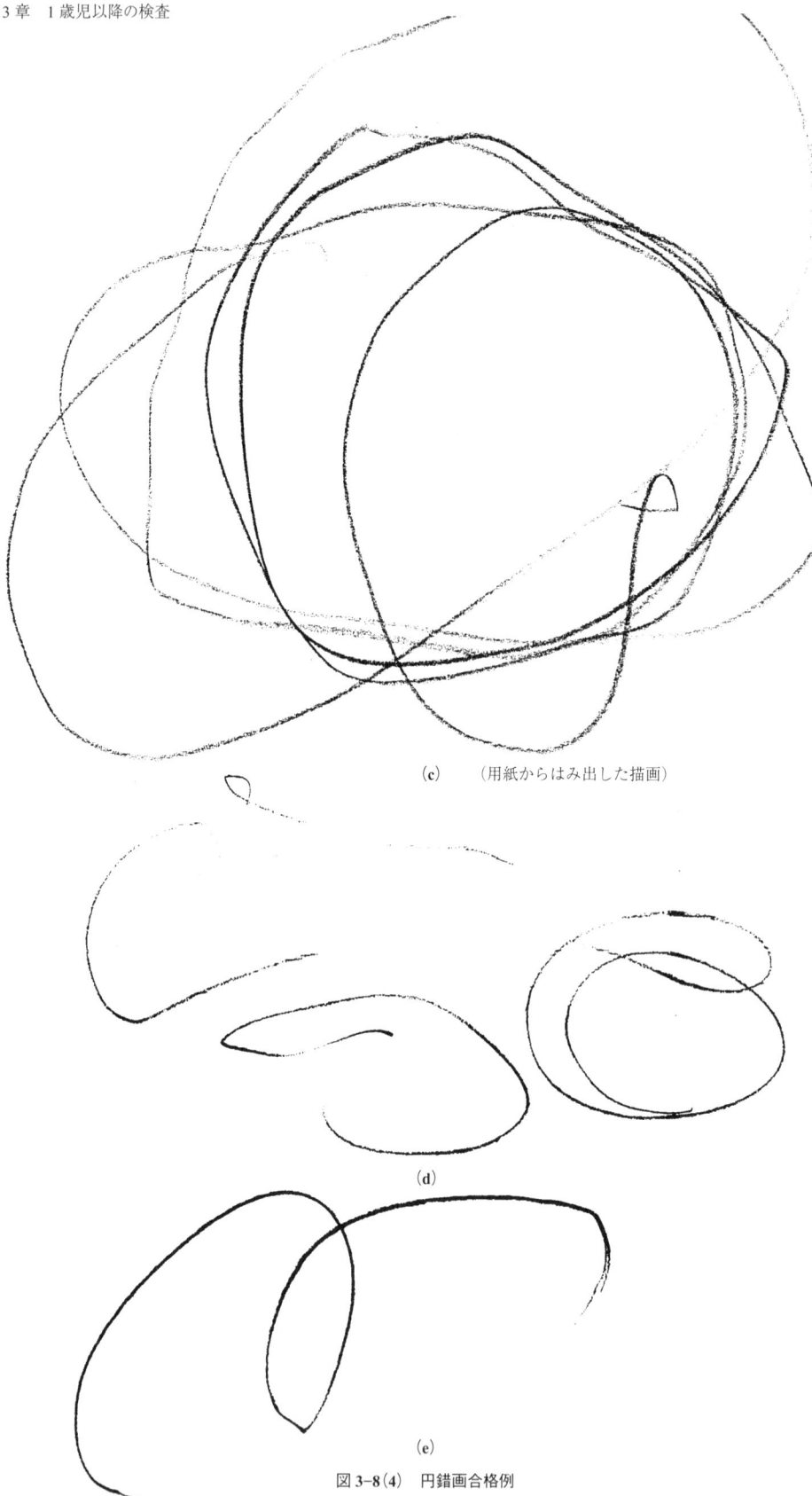

(d)

(e)

図 3-8(4)　円錯画合格例

誤答例の解説：①左右への往復が優位（図3-8 f・g・h）。
②往復から少し丸み的なものが描けているが，円錯画をとるにはなめらかさがなく，不充分（図3-8 i）。

(f)

(g)

(h)　（用紙からはみ出した描画）

図3-8(5)　円錯画不合格例

(i)

図 3-8(6)　円錯画不合格例

P 102　横線模倣　1/3

　模倣とは，検査者が手本を描いて見せて，それを子どもが真似をして描く課題である。この課題は検査者が検査用紙の上に横線を数本描いてそれを模倣させる。

(a)

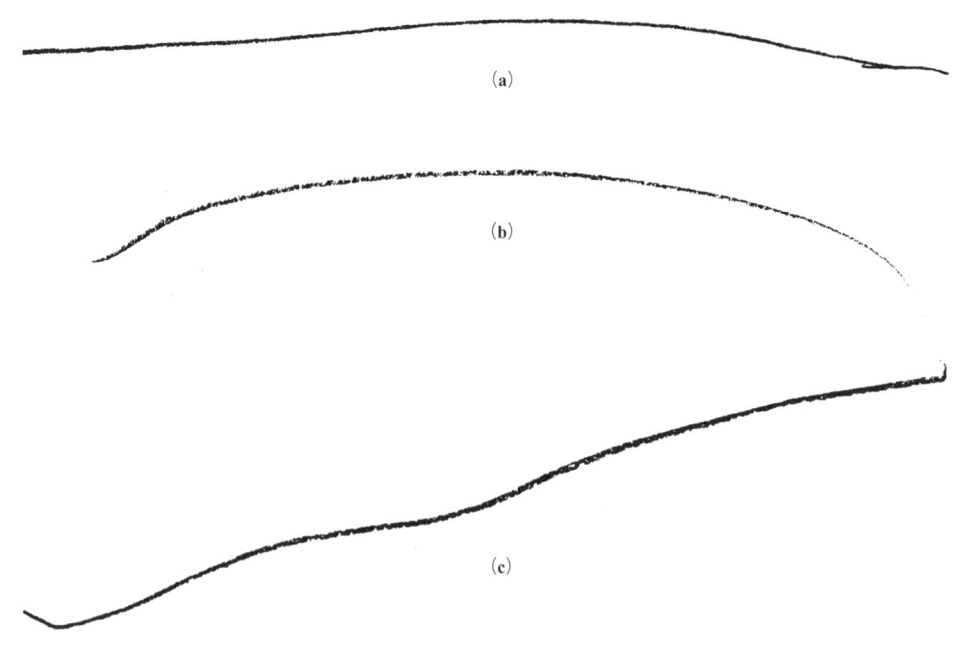

(b)

(c)

図 3-9(1)　横線模倣合格例 (a)〜(c)

誤答例の解説：①横線の端に描かれた屈曲がするどい。一部の所で傾斜が水平線より20°以上である（図3-9 d）。
②横線の端に描かれた屈曲がするどい（図3-9 e）。
③横線の端に描かれた屈曲の度合は許されるが，傾斜が水平線より20°以上である（図3-9 f）。

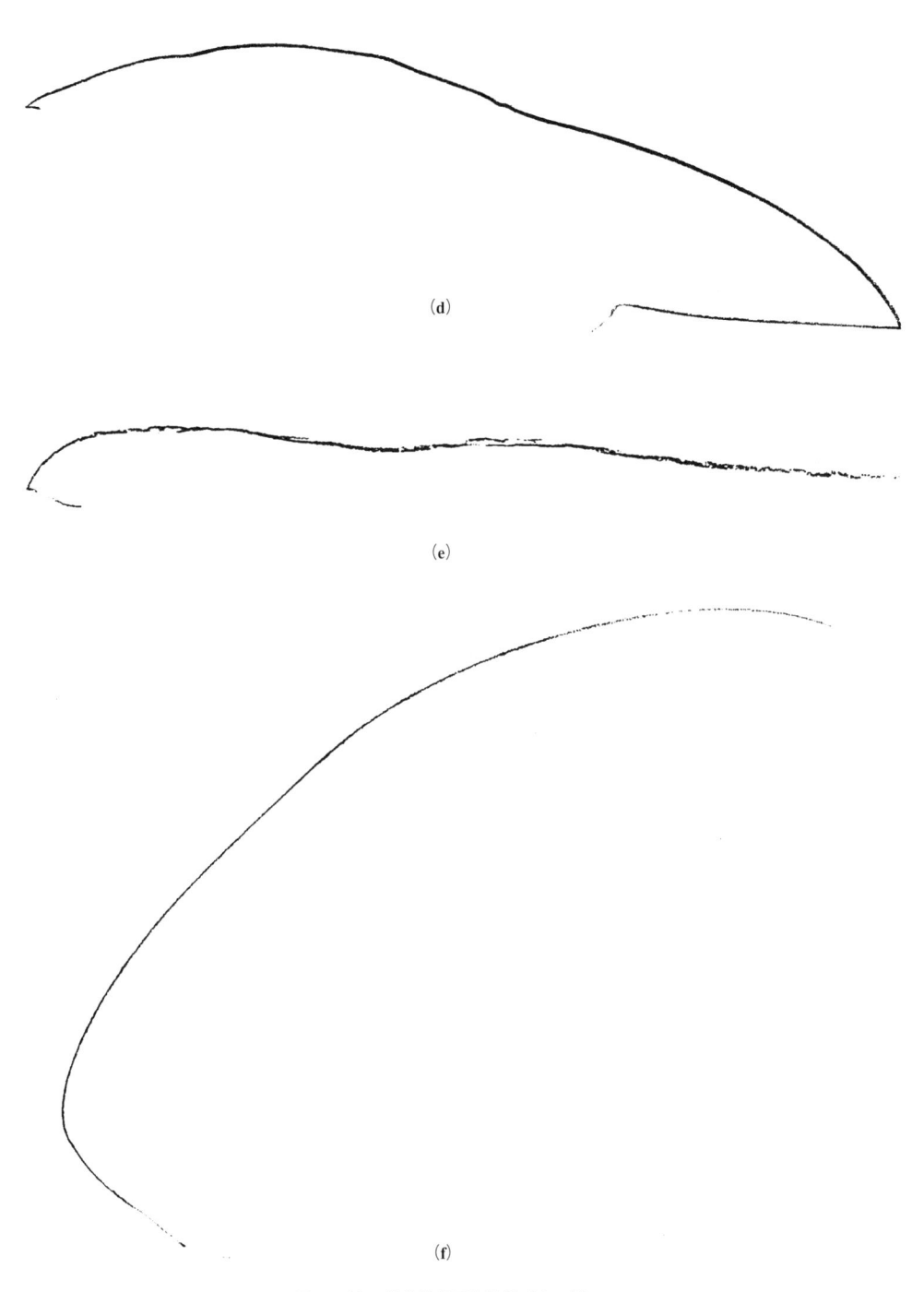

(d)

(e)

(f)

図3-9（2）　横線模倣不合格例（d）〜（f）

P 103　縦線模倣　1/3

模倣とは，検査者が手本を描いて見せて，それを子どもが真似をして描く課題である。検査用紙の右端に縦線を数本描いてそれを模倣させる。

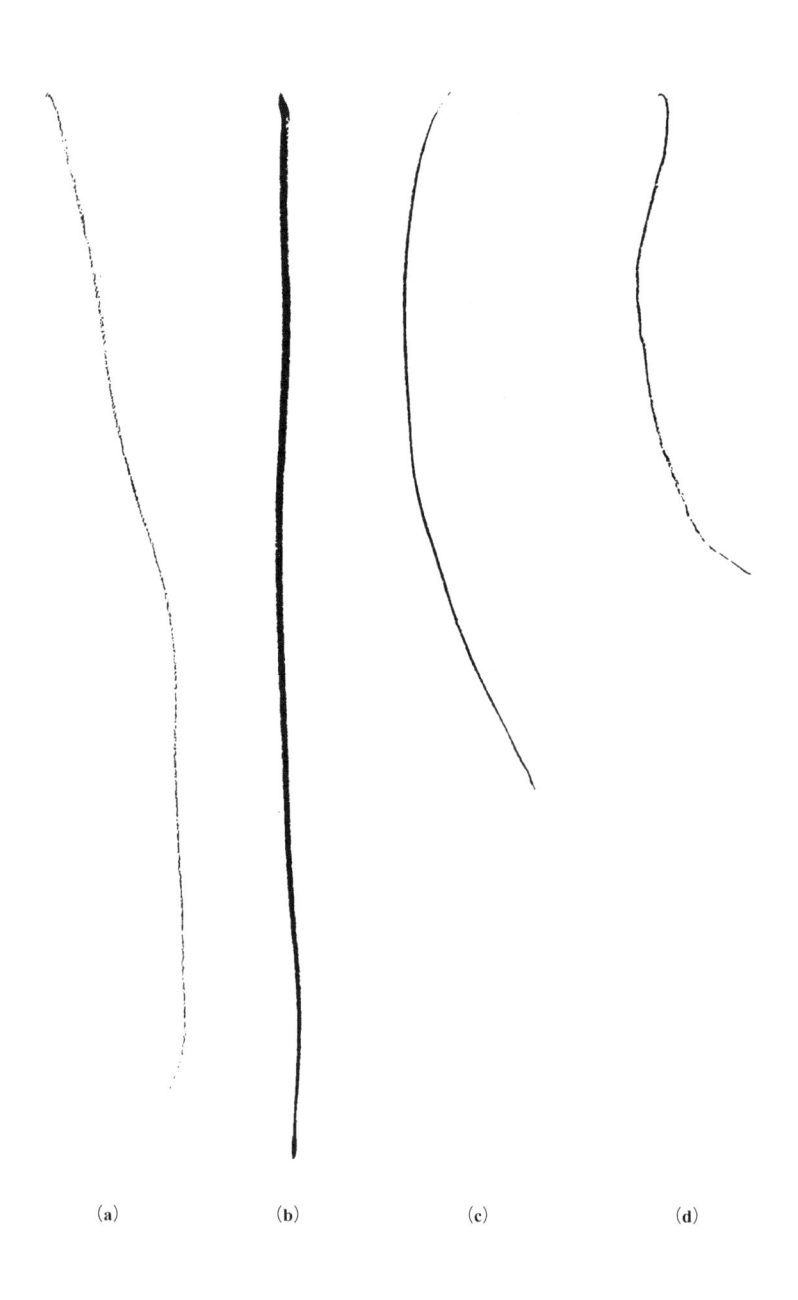

(a)　(b)　(c)　(d)

図 3-10(1)　縦線模倣合格例 (a)～(d)

誤答例の解説：①屈曲が120°よりするどい（図 3-10 e・f・g）。
②屈曲は120°よりゆるやかだが，傾斜が鉛直線より 30°以上である（図 3-10 h）。

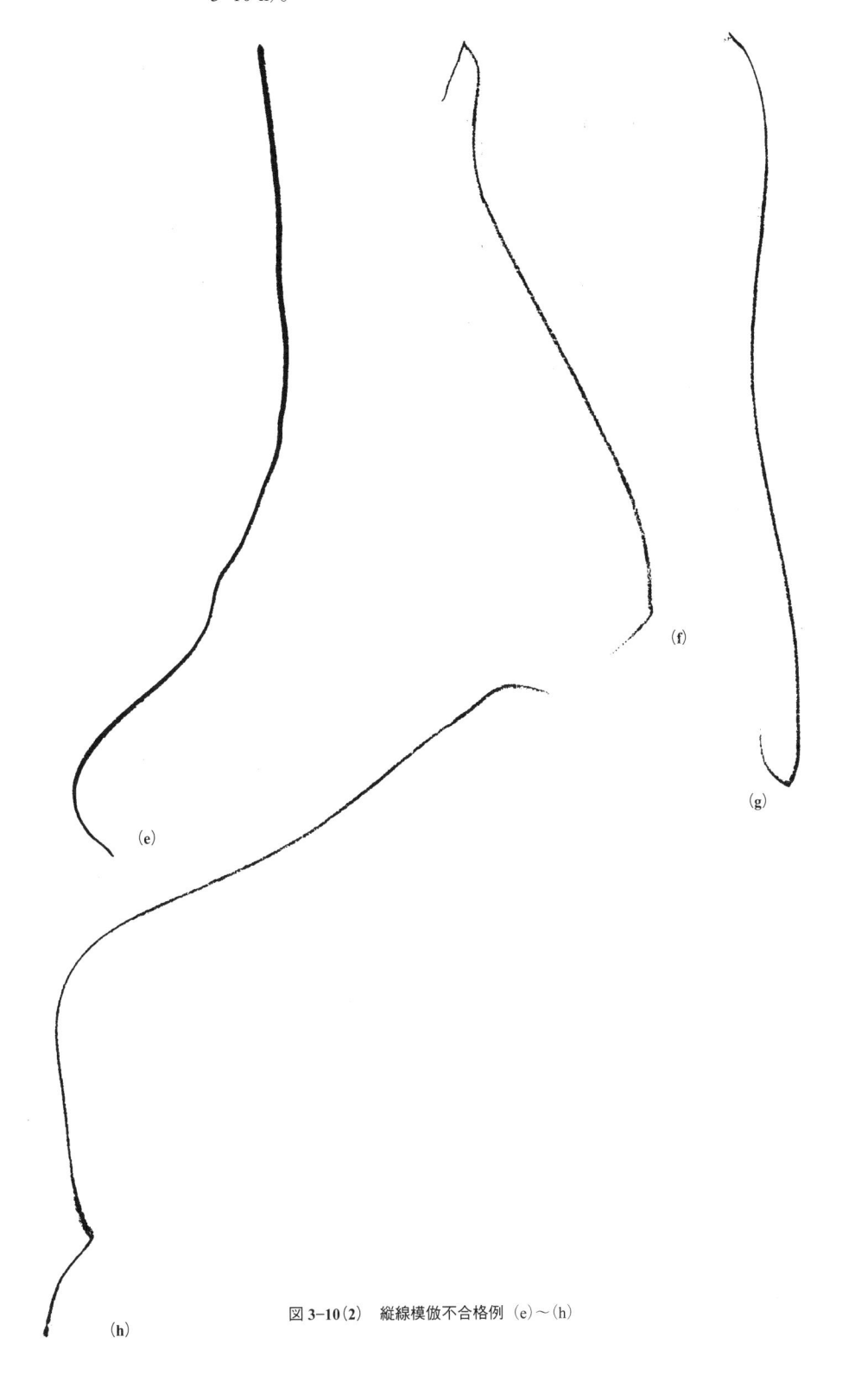

図 3-10(2)　縦線模倣不合格例 (e)〜(h)

66　第3章　1歳児以降の検査

P 104　円模写　1/3

　模写とは，見本図形を見て，同じものを描かせる課題である。円図形を見せて同じものを描かせる。

(a)

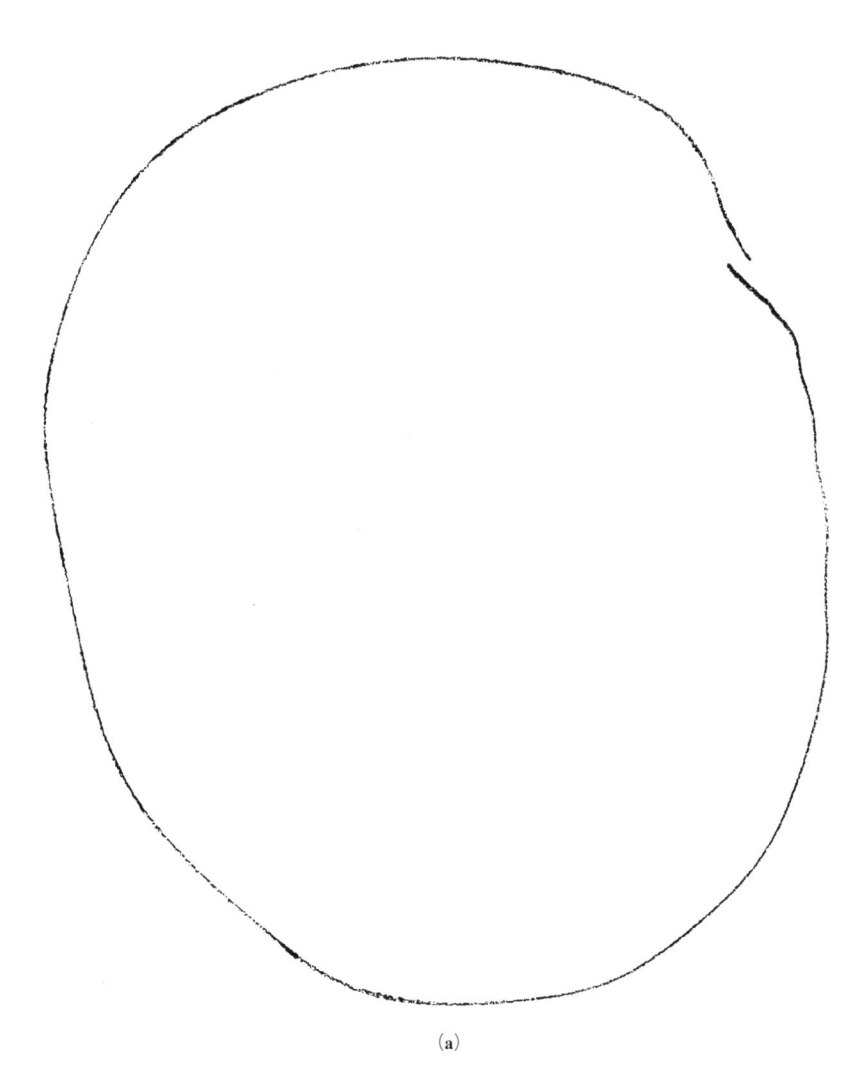

図 3-11(1)　円模写合格例

3-3 認知・適応領域の検査　67

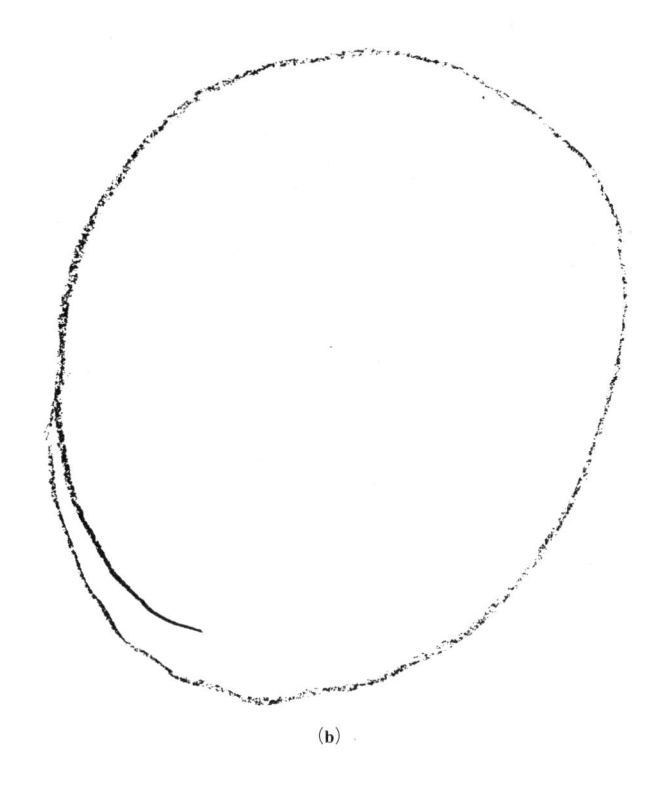

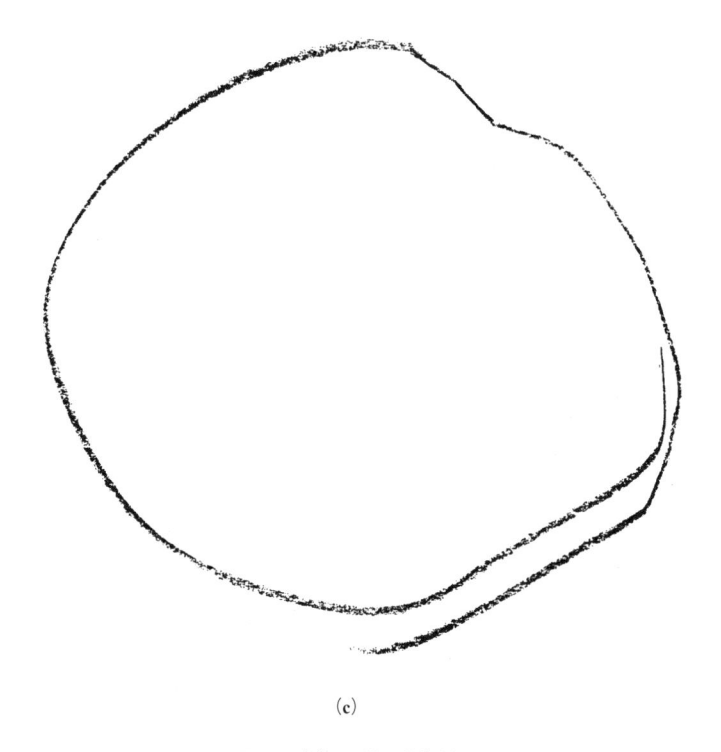

(b)

(c)

図 3-11(2)　円模写合格例

68　第3章　1歳児以降の検査

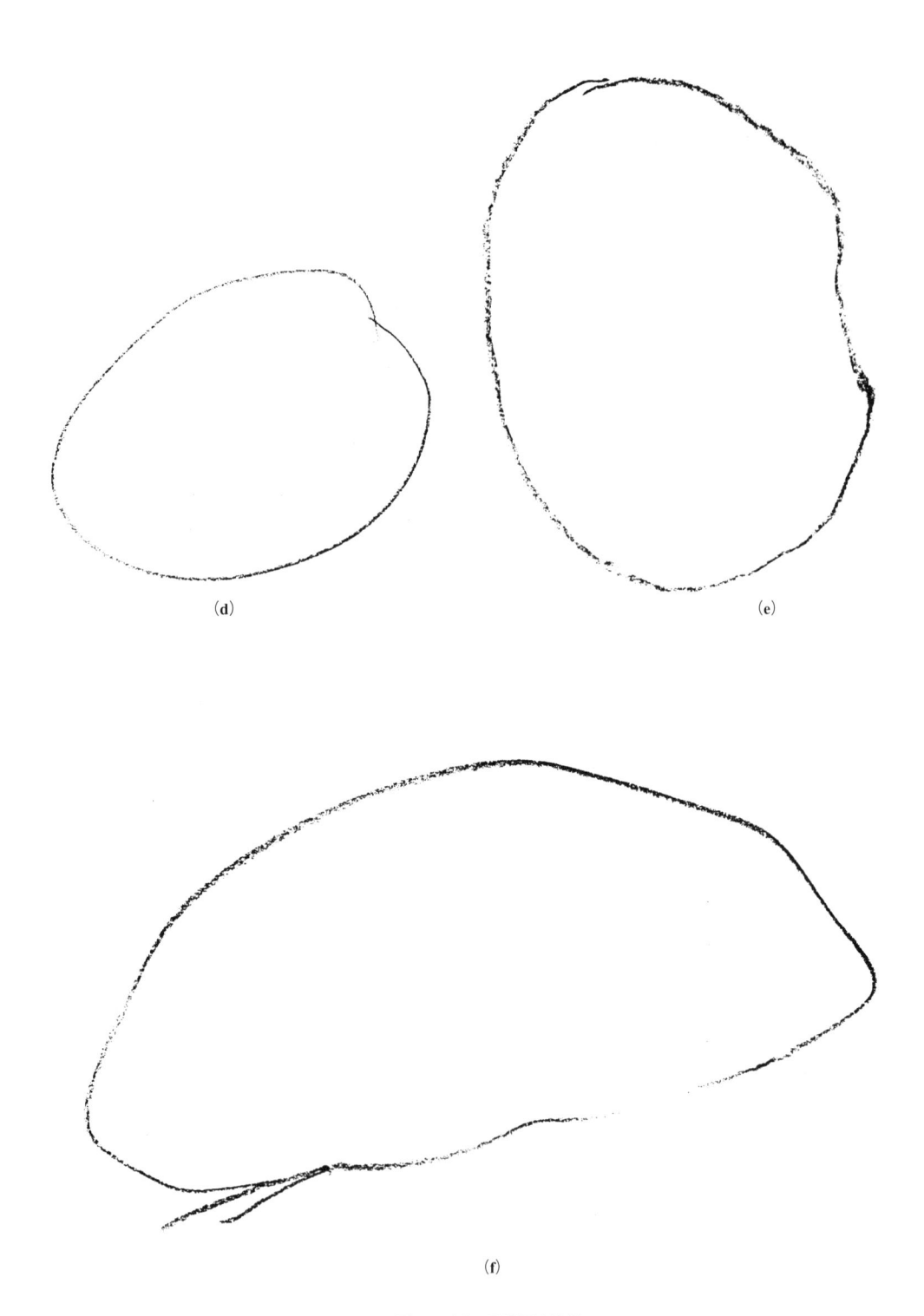

(d)

(e)

(f)

図3-11(3)　円模写合格例

誤答例の解説：①円錯画になっている（図3-11 g）。
②描き始めと終りが会合せず，そのすき間が3 mm以上ある（図3-11 h）。
③会合の後，伸びた線が長い（図3-11 i）。
④だ円形だが長径が短径の3倍以上ある（図3-11 j）。
⑤60°よりするどい屈曲がある（図3-11 k）。

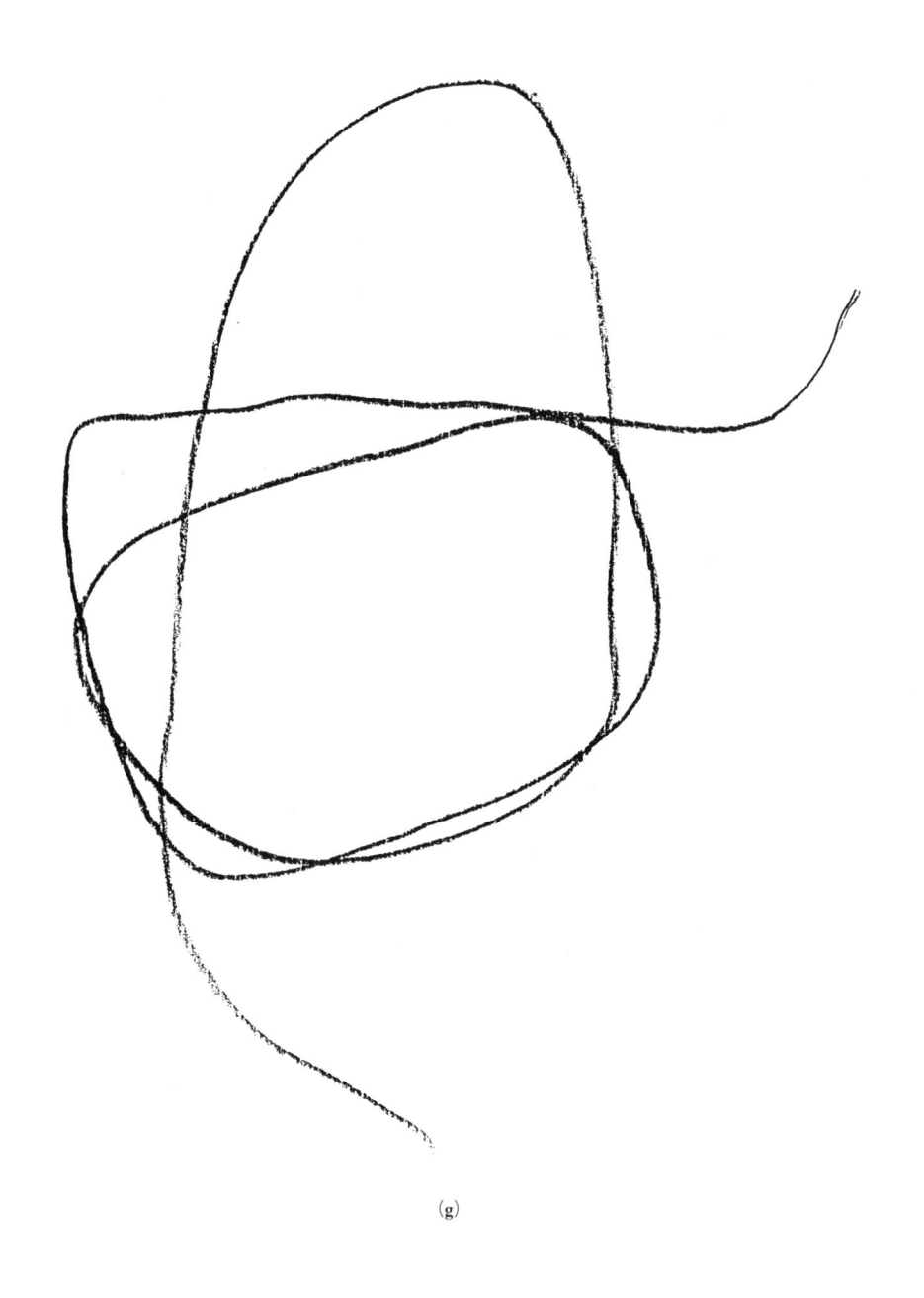

(g)

図3-11(4)　円模写不合格例

70　第3章　1歳児以降の検査

(h)

(i)

(j)

(k)

図3-11(5)　円模写不合格例

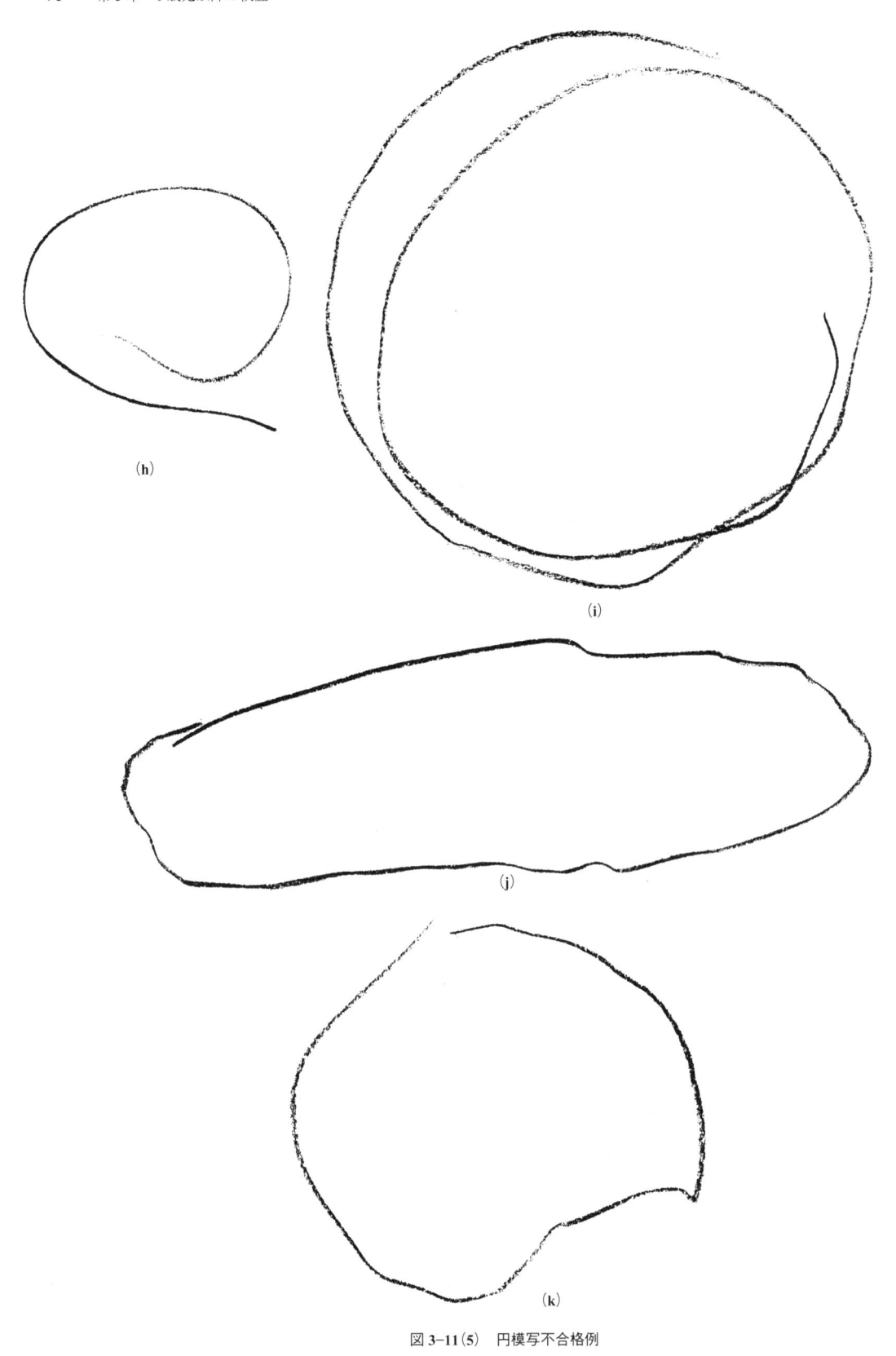

P 105・106　十字模写　例後・例前　1/3

十字模写図形を提示して，それと同じものを描かせる。

正答例の解説：①線の屈曲は許される（図 3-12 b）。

②交叉は直交していなくてもよい。全体的な傾斜は許される（図 3-12 c）。

(a)

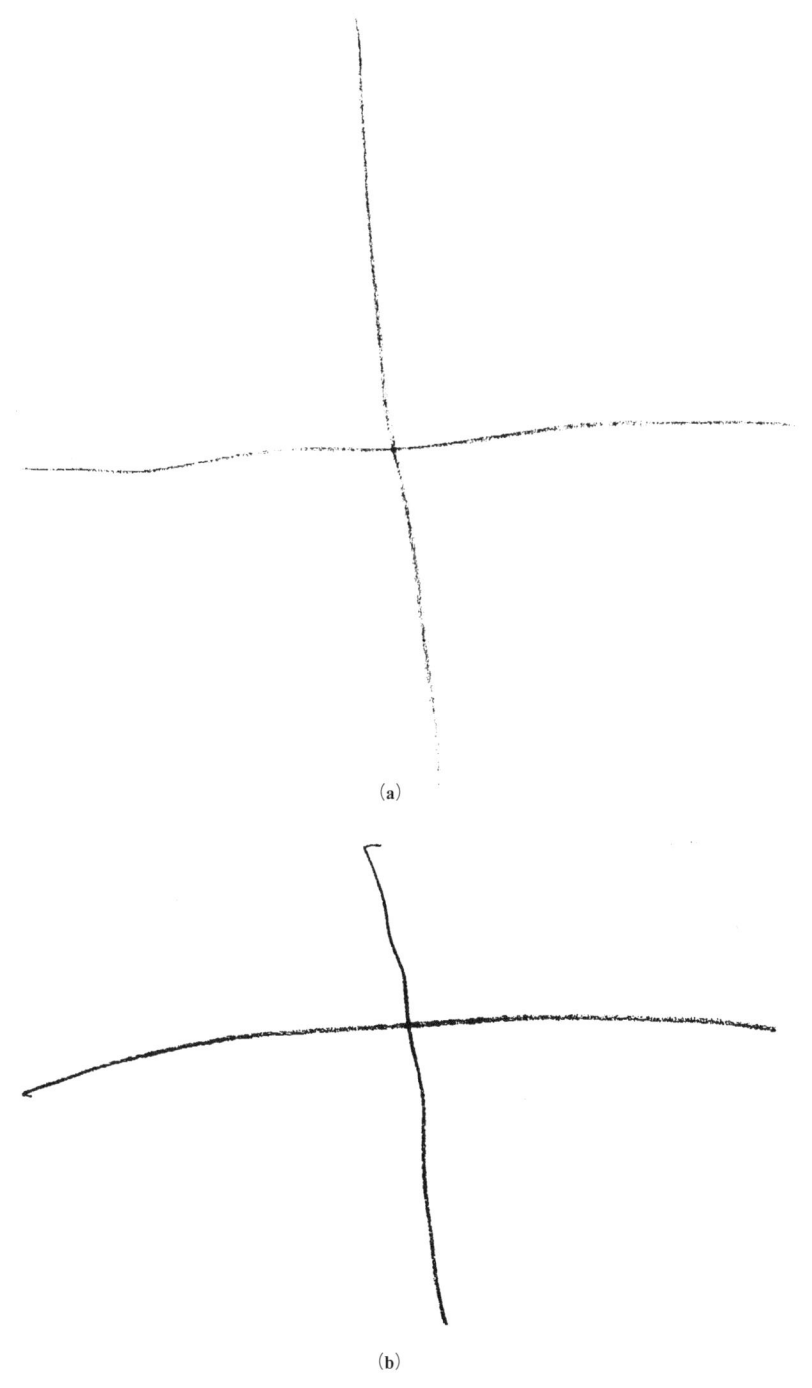

(b)

図 3-12(1)　十字模写合格例

(c)

図 3-12(2)　十字模写合格例

誤答例の解説：①交叉していない（図 3-12 d, e）。
②余分な線が付加されている（図 3-12 f）。
③線が往復し何本も交叉している（図 3-12 g）。
④左の線が不充分である（図 3-12 h）。

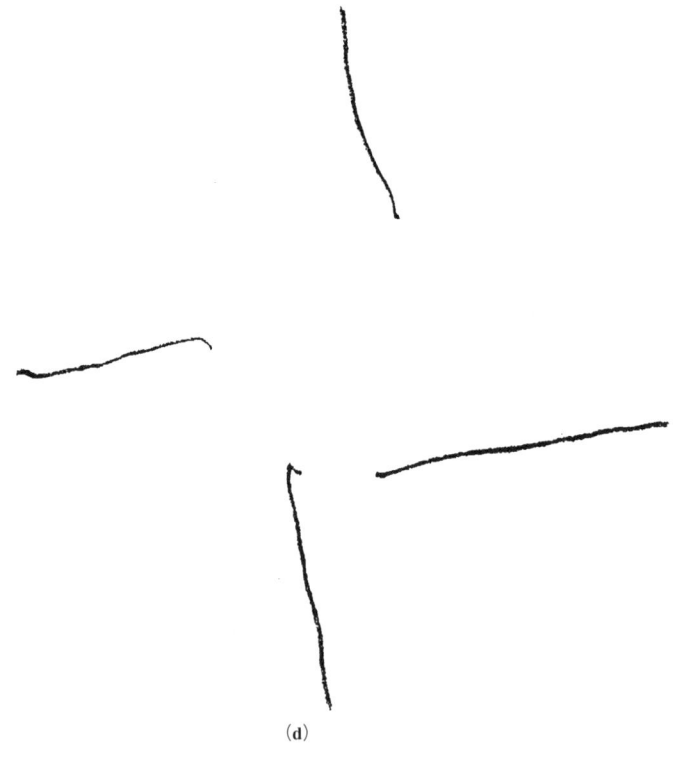

(d)

図 3-12(3)　十字模写不合格例

3-3 認知・適応領域の検査　73

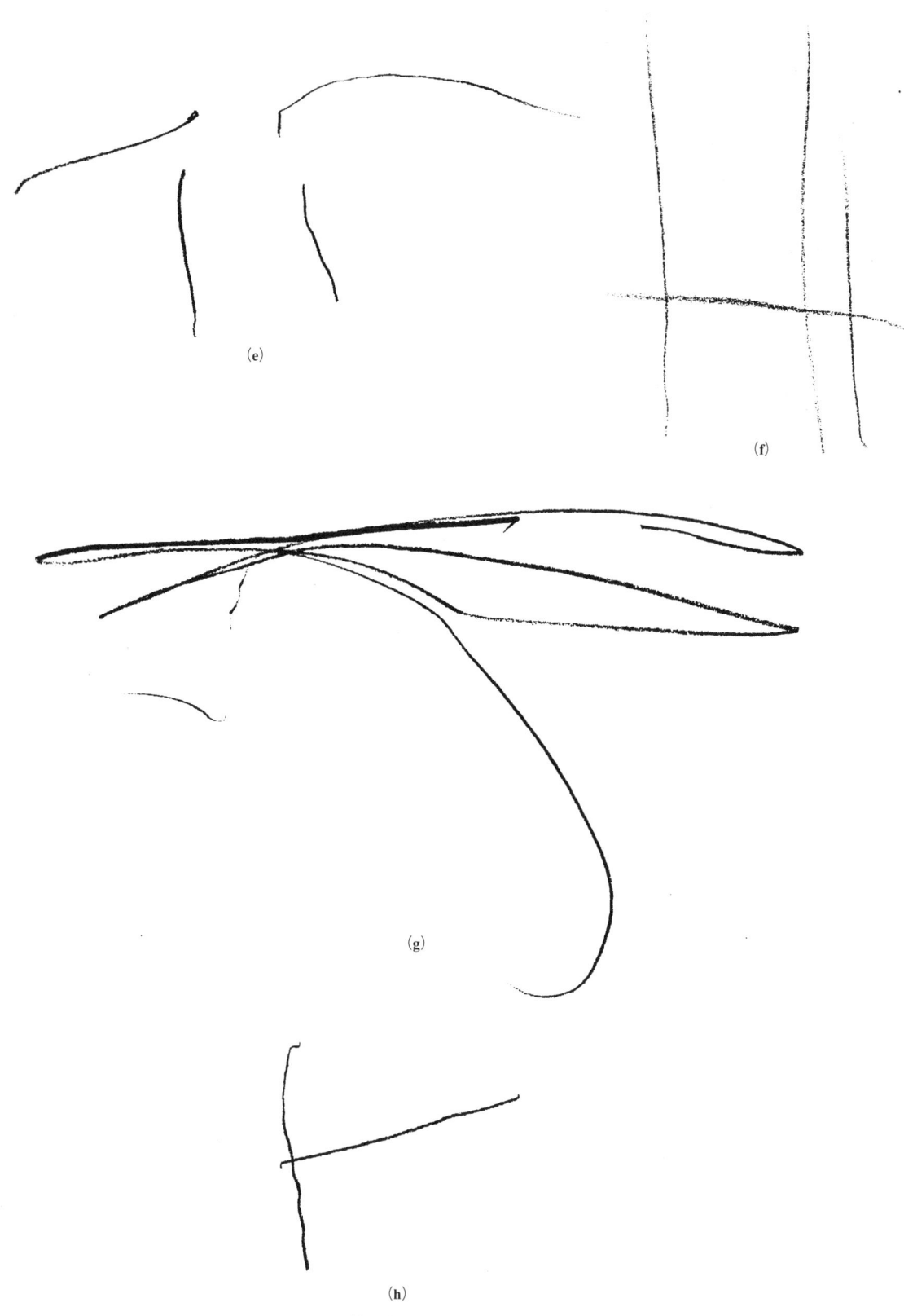

(e)

(f)

(g)

(h)

図 3-12(4)　十字模写不合格例

P 107　正方形模写　1/3

正方形模写図形を提示して，それと同じものを描かせる。

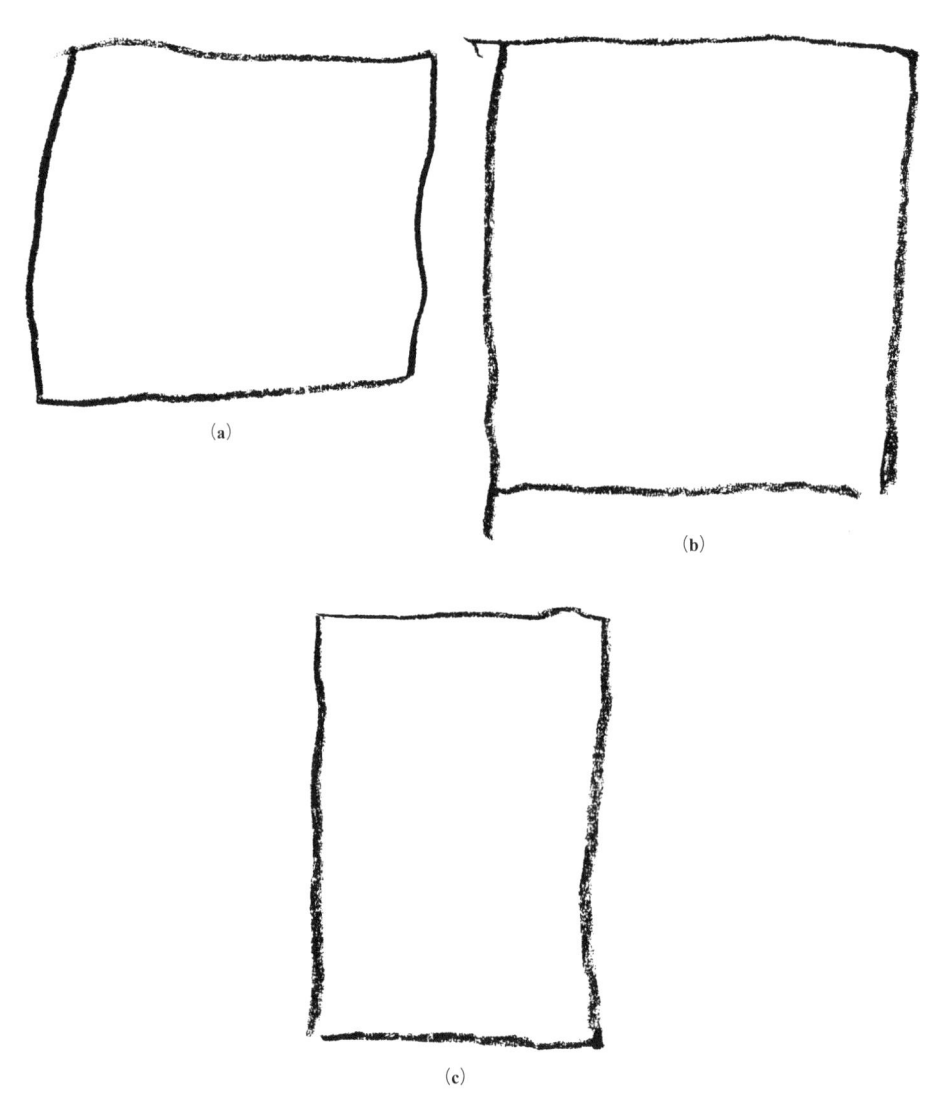

図 3-13(1)　正方形模写合格例

誤答例の解説：①四隅が全て直角でない（図 3-13 d）。
　　　　　　　②左下角度が鋭角である（図 3-13 e）。
　　　　　　　③右上の角が曲線化している（図 3-13 f）。
　　　　　　　④隅の結合不充分が 2 ヶ所あり，間が 5 mm 以上ある（図 3-13 g）。
　　　　　　　⑤左下隅の結合不充分は 1 ヶ所で，間が 5 mm 以下なので許されるが，長辺が短辺の 1.5 倍以上ある（図 3-13 h）。

(d)

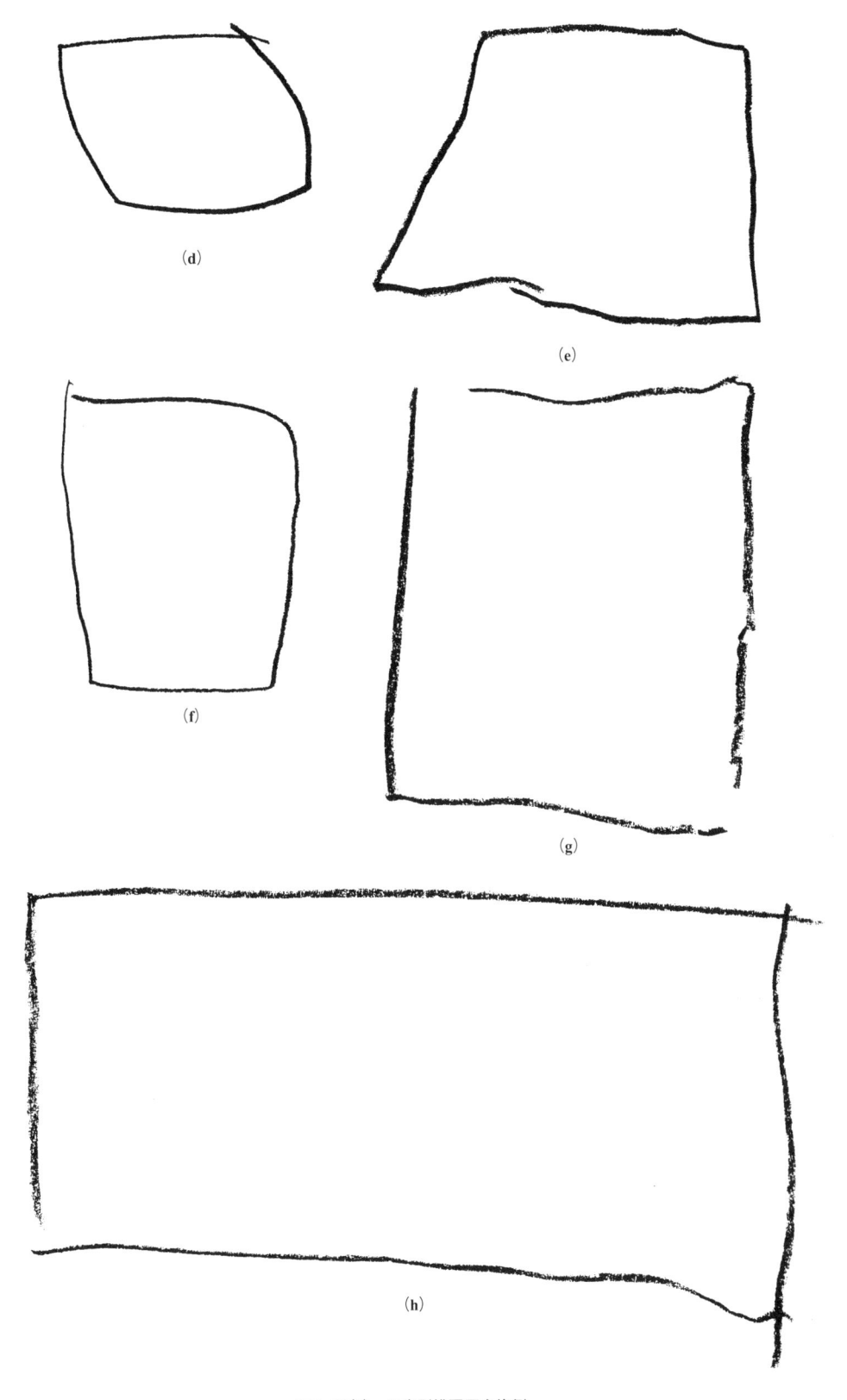

(e)

(f)

(g)

(h)

図 3-13(2)　正方形模写不合格例

P 108　三角形模写　1/3

三角形模写図形を提示して，それと同じものを描かせる。

(a)

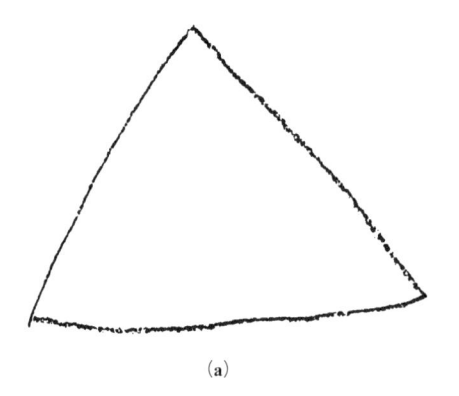

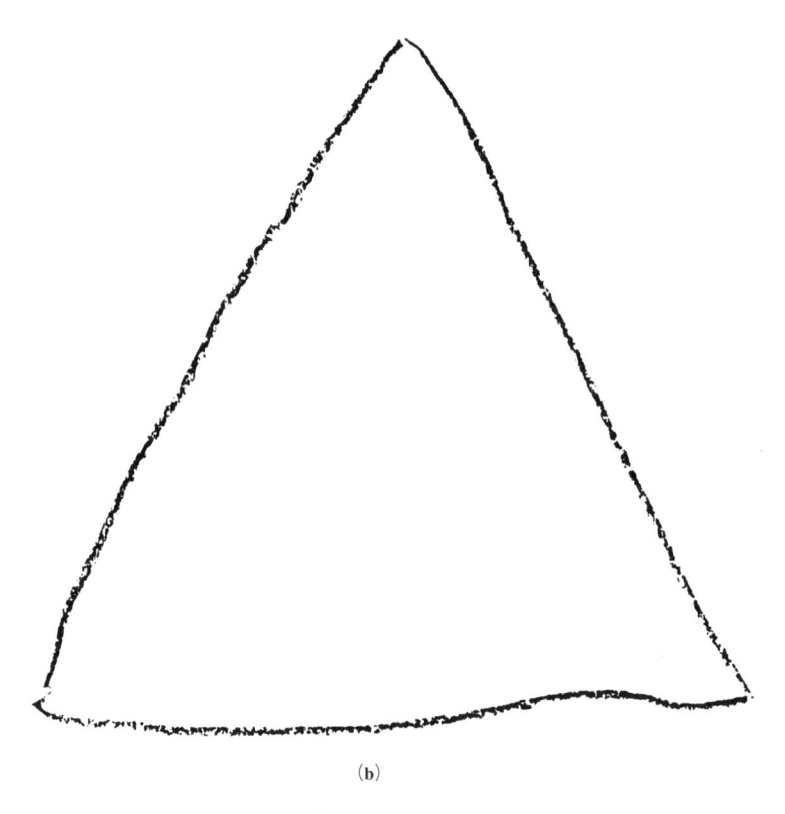

(b)

図 3-14(1)　三角形模写合格例

(c)

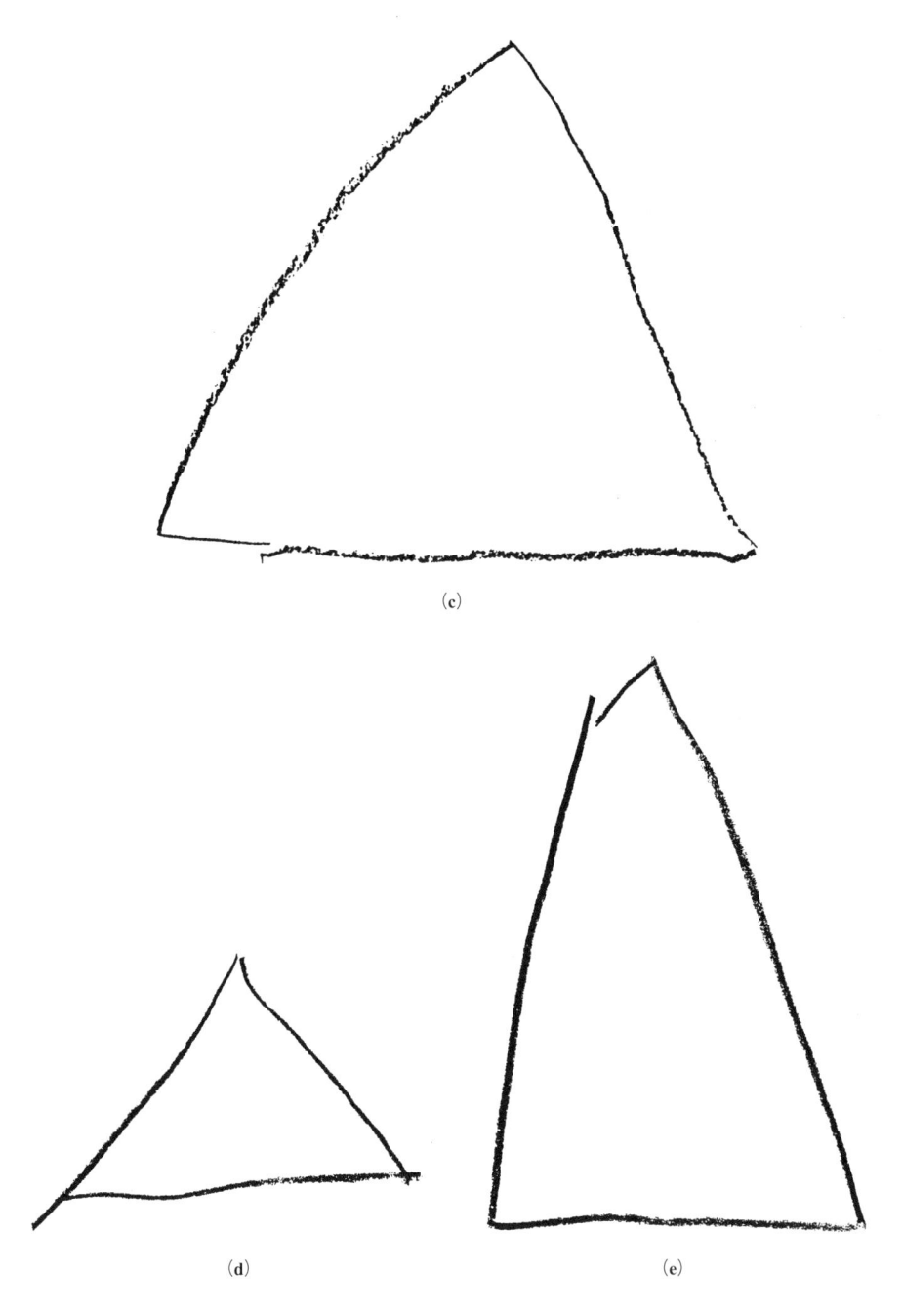

(d)　(e)

図 3-14(2)　三角形模写合格例

誤答例の解説：①底辺が水平でなく，右下は鈍角になり，上の角が 2 つの角になっている（図 3-14 f）。
　　　　　　②右下の角が鈍角になっている（図 3-14 g）。
　　　　　　③底辺が水平でない（図 3-14 h）。
　　　　　　④辺の屈曲が 2 辺でみられる（図 3-14 i）。
　　　　　　⑤高さと底辺の比が 2：1 以上あり，上の角も鈍角になっている（図 3-14 j）。

(f)

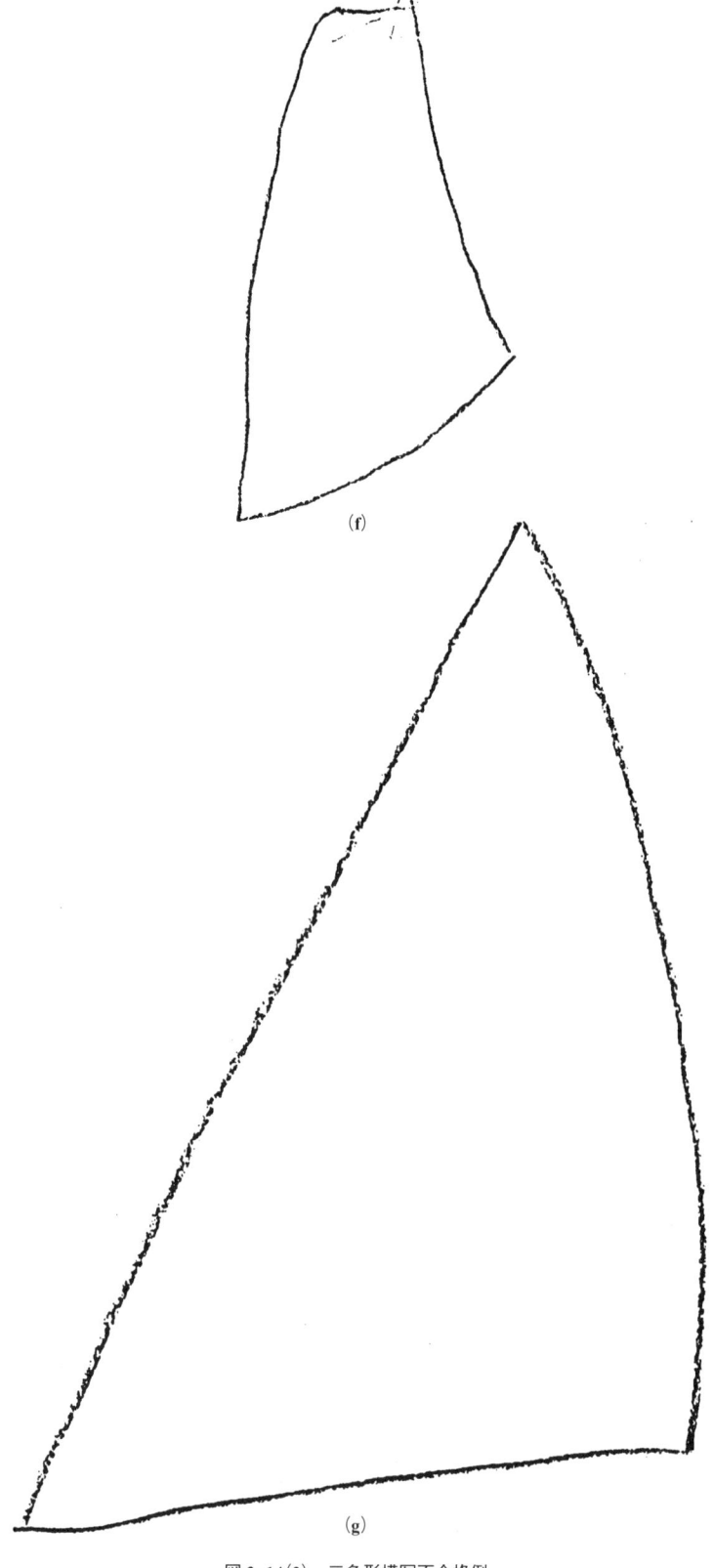

(g)

図 3-14(3)　三角形模写不合格例

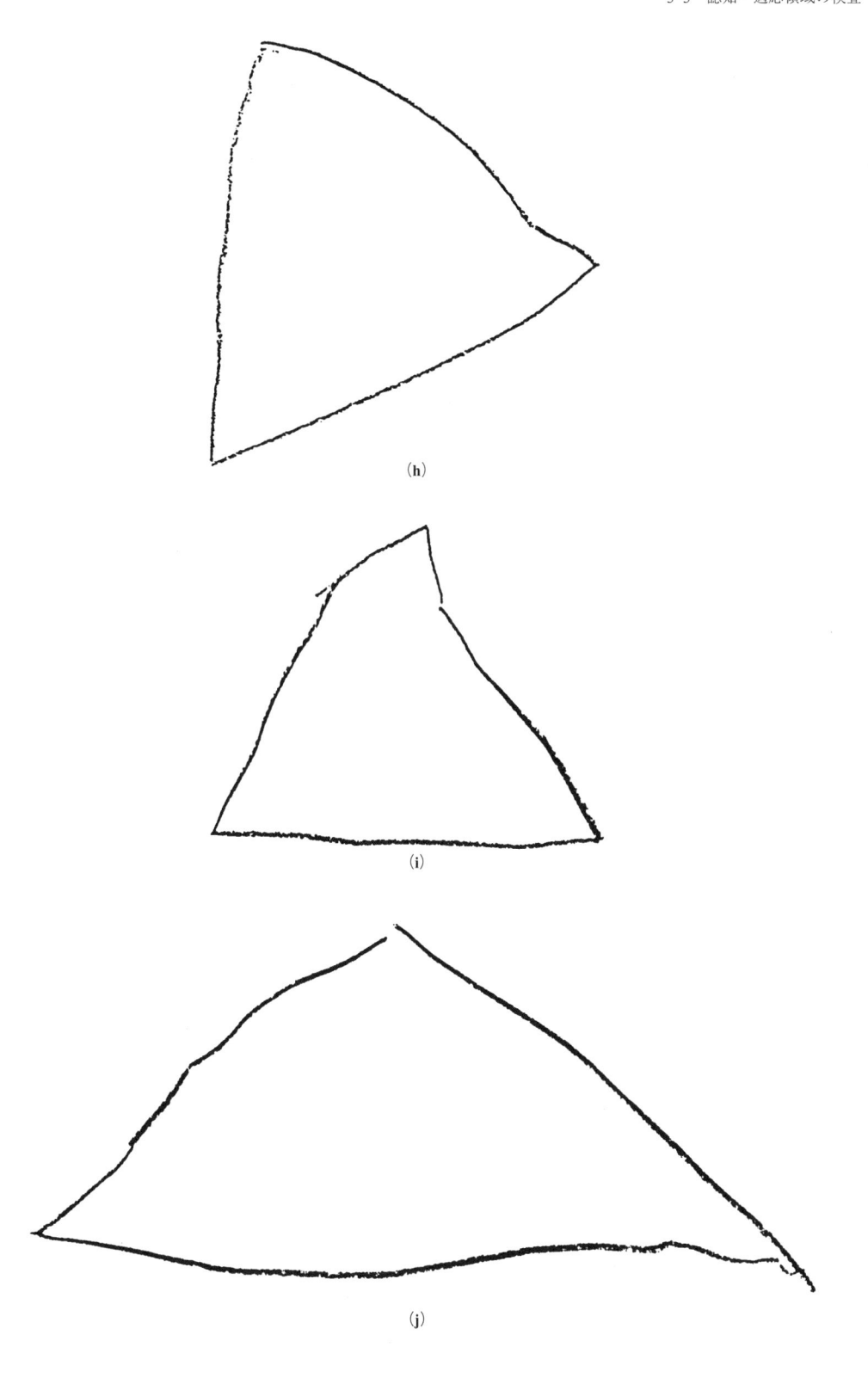

図 3-14(4)　三角形模写不合格例

P 109　菱形模写　2/3

菱形模写図形を提示して，それと同じものを描かせる。

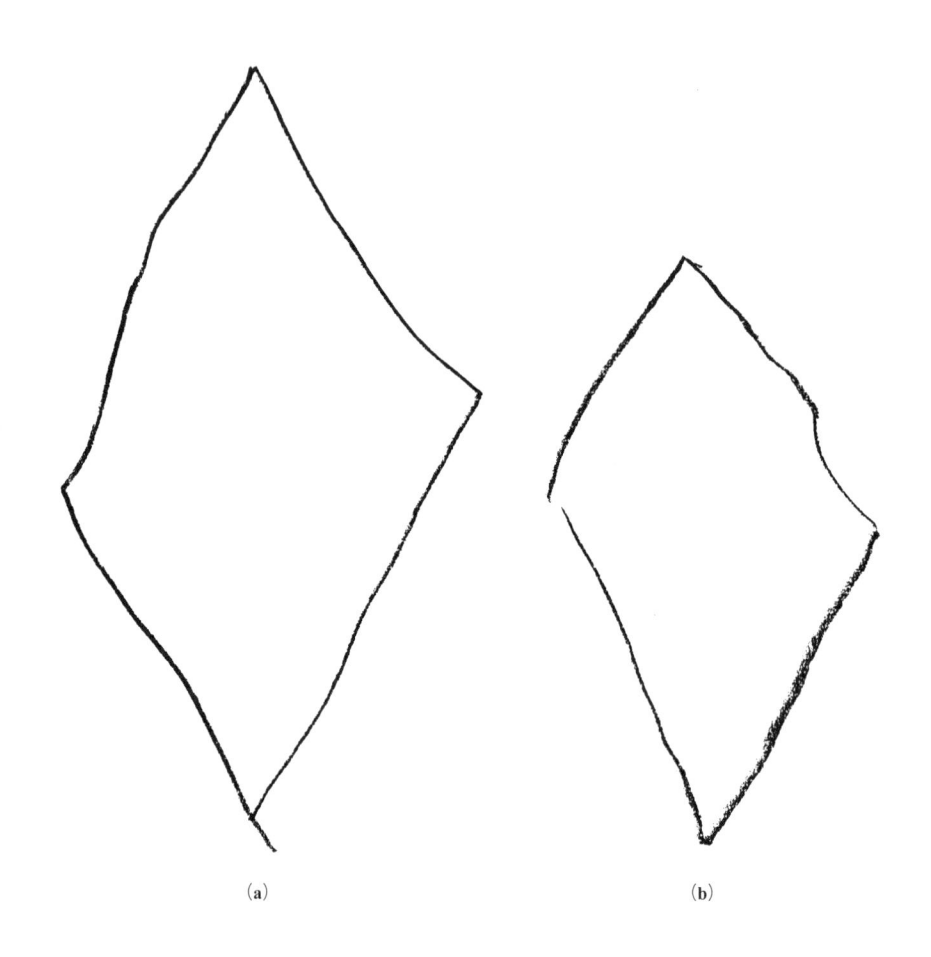

(a)　　　　　　　　　(b)

図 3-15(1)　菱形模写合格例

(c)

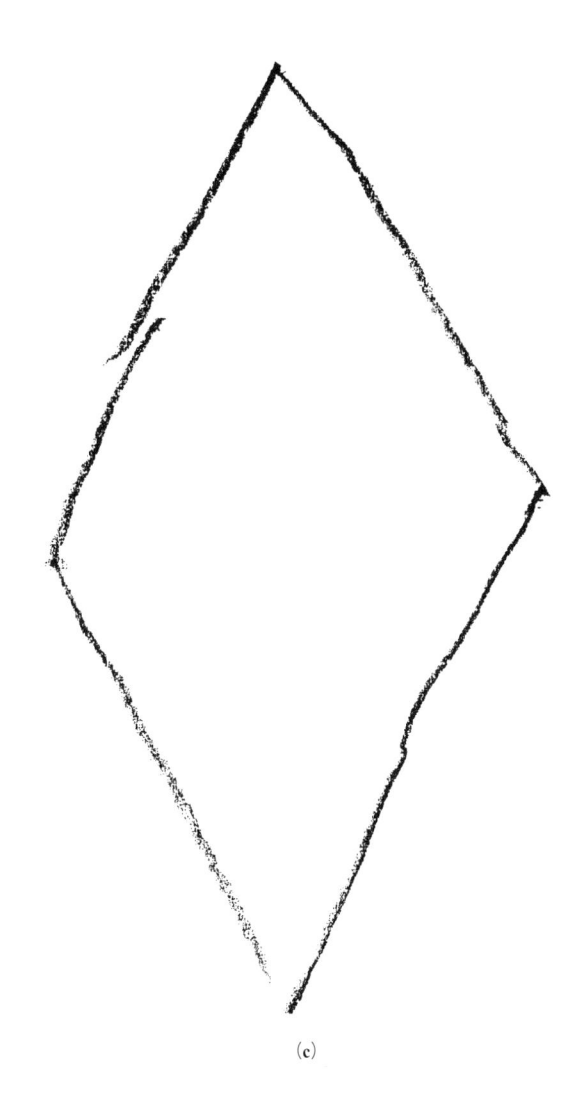

図 3–15(2) 菱形模写合格例

誤答例の解説：①対角線の交叉が直交より 15° 以上ずれている（図 3–15 d）。
②上の角が鈍角である（図 3–15 e）。
③左の角が曲線化し，下の角も鈍角である（図 3–15 f）。
④左，1 つの角のところが 2 つになっている（図 3–15 g）。
⑤右の角が突起している（図 3–15 h）。

⑤ 図3-16-(4)の②のような一つ目は誤答。図3-16-(2)の⑥のように，鼻の線を片方の目と見て，片方の目のみを描く場合も誤答である。

⑥ その他：図3-16-(2)の⑤の耳，(3)の③は腕・手，(4)の③は腕のみ正答。手は誤答である。

（図は82％縮小）

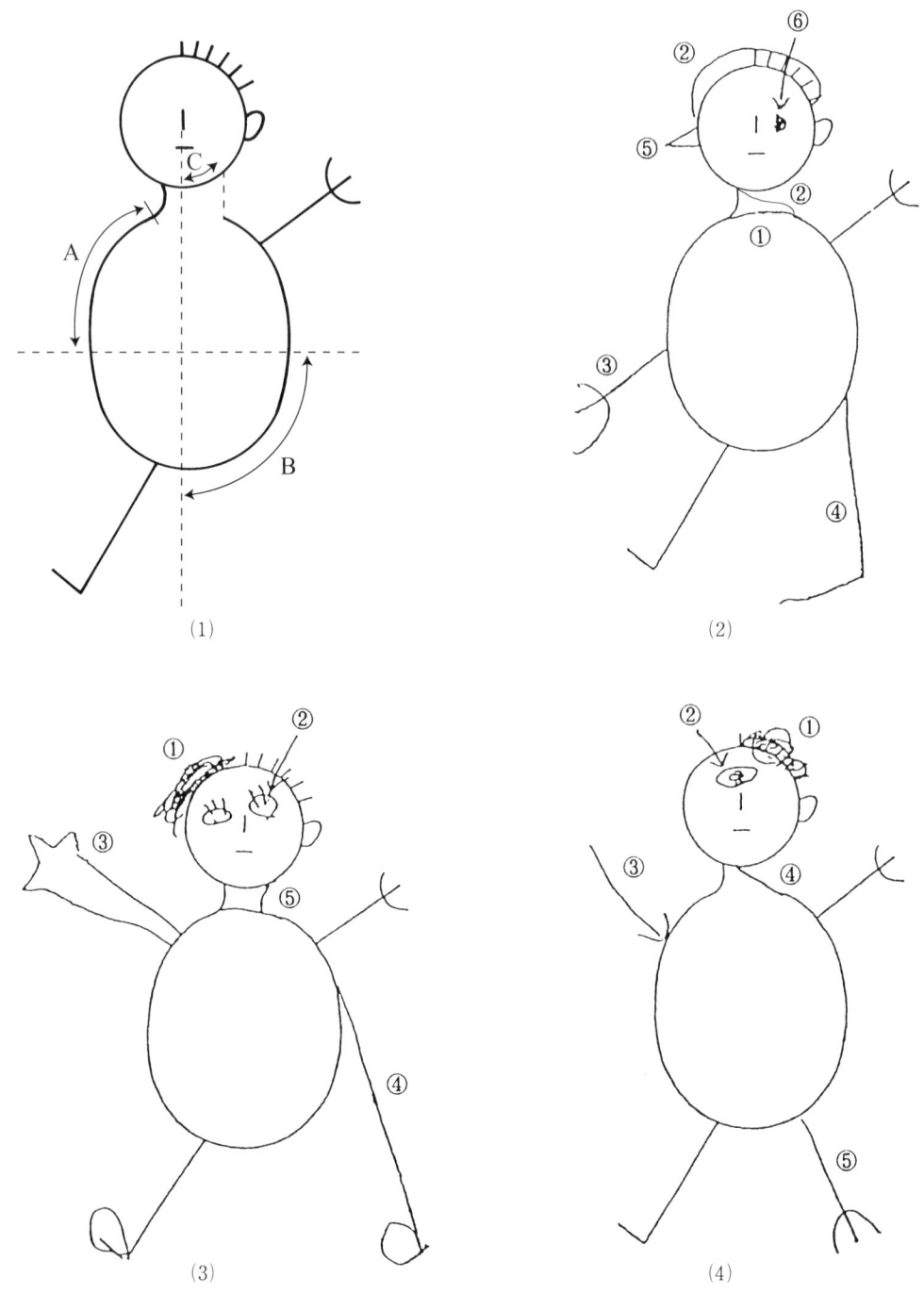

図3-16　P 110〜112　人物完成

（15）記　　憶

P 113　記憶板　2/3

　この検査項目は，2歳後半から3歳前後にかけての記憶力を，位置の記憶を利用して調べるものであり，その意味では3個のコップ（P 98）の延長線上にある課題ともいえよう。

　3つの絵について5回以内の練習（獲得）試行を行う間に，それぞれの絵の位置を学習出来ない場合は，この項目は学習（獲得）不能として不合格とする。子どもが自発的に行う時，課題画のない記憶板のふたを開ける行為は，無理に制止しなくてもよい。

　学習が成立して，10分（±1分の誤差は認める）経過した後，「花はどこですか」「靴はどこですか」「魚はどこですか」の順に尋ねて，記憶した3つの絵の位置を問う。3試行のうち1誤以内で（3つの絵のうち2つの絵について）正答出来れば合格とする。誤答数の数え方は，絵のないところを開ければ1誤，違う絵のところを開ければ2誤とする。それゆえ，「花はどこですか」と尋ねた時，靴や魚を開けたり「靴はどこですか」の質問に魚の絵のあるふたを開けた場合，その時点で不合格となる。

　同時に2個以上のふたを開かないように注意が必要である。再生時に検査者の教示を待たずして，ふたを開ける子どもがいるので，そうさせないような注意が必要である。

　この検査項目は，学習（獲得）試行を行ってから，記憶内容を確かめるための試行まで10分間待たなければならない。検査の終りにこの検査項目を行うと10分間子どもの相手をして待たなければならない。検査を行う順序に充分注意する必要がある。

P 114〜114 c　図形記憶　1/2, 1.5/2, 2/2

　以下記憶図形の反応例と判定の例を記載する。

I　記憶図版左図の反応例

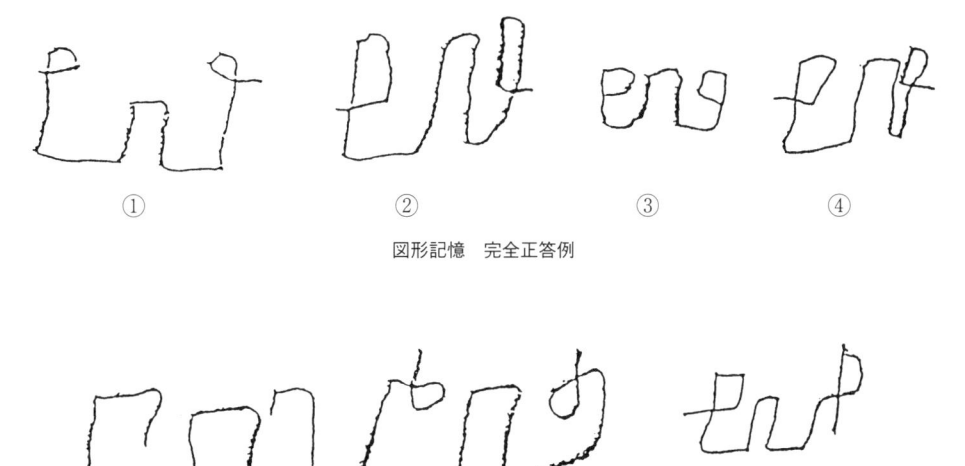

図形記憶　完全正答例

86　第3章　1歳児以降の検査

④　　　　　　　⑤　　　　　　　⑥

図形記憶　1/2 正答例

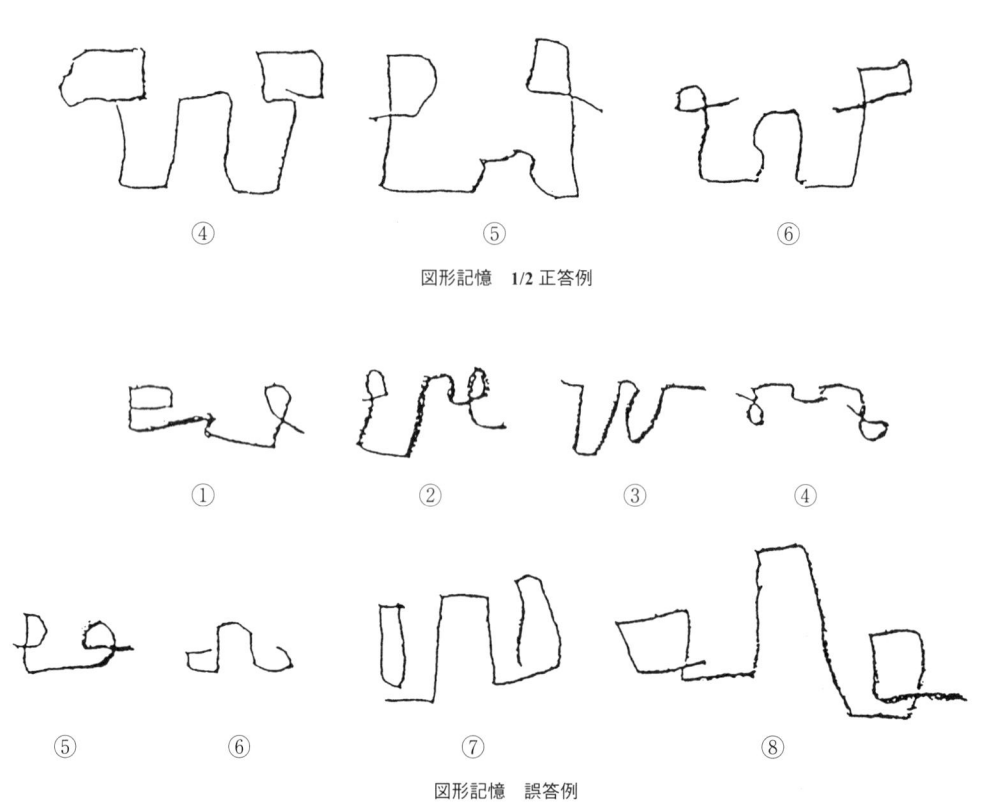

①　　　②　　　③　　　④

⑤　　　⑥　　　⑦　　　⑧

図形記憶　誤答例
図 3-17　図形記憶（記憶図版左図）

II　記憶図版右図の反応例

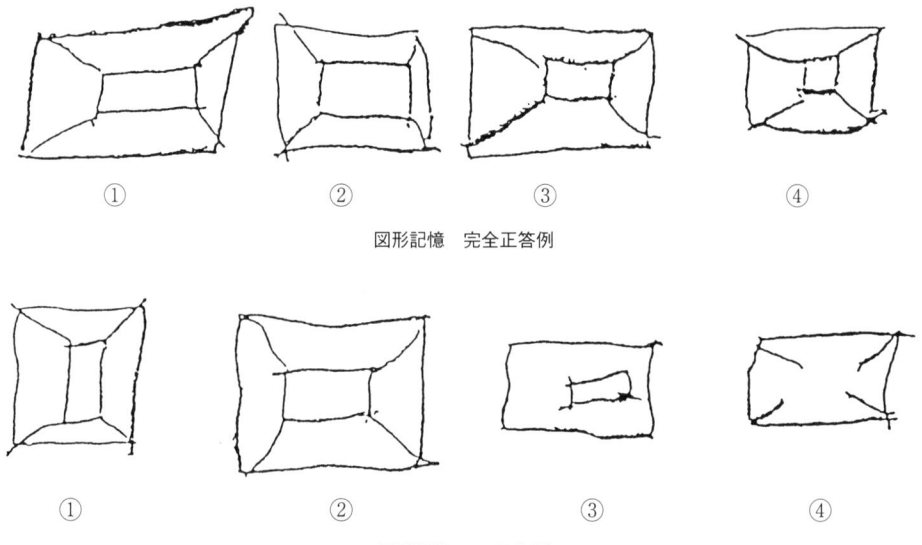

①　　　②　　　③　　　④

図形記憶　完全正答例

①　　　②　　　③　　　④

図形記憶　1/2 正答例

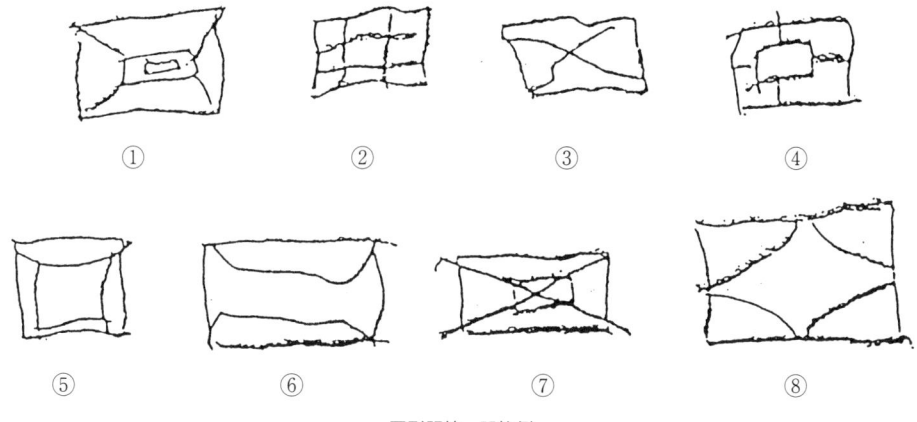

図形記憶　誤答例
図3-18　図形記憶（記憶図版右図）

> **P 115～123　積木叩き　2/12, 3/12, 4/12, 5/12, 6/12, 7/12, 8/12, 9/12, 10/12**

　子どもの前に4個の積木を横一列に並べ，その積木を子どもの左手側から右手側に1. 2. 3. 4と命名する。これは手続きの説明のための検査者に対しての命名であり，子どもにこの命名は教えない。左利きの子どもの場合にも，1. 2. 3. 4の順を反対にする必要はない。

　叩き始める時には，子どもが積木と検査者が叩く動作の両方を見ていることを確認する。決められた順に1秒に1個の速さで叩いていく。叩くのに使う積木は1個だけにし，1個の積木を検査者と子どもが交互に使用する。

　施行は必ず問題順に系列(1)から試行し，連続した3系列をまちがえれば試行を中止する。12系列全てを施行する必要はない。検査者の例示通りに正しく叩けた系列の数によって正答数を数え合格項目を決める。

　子どもによっては叩いているうちに，ふと叩くのを止め，止めたところから再び叩きだす場合がある。例えば系列(4)1. 3. 2. 4を，1. 3. 2と叩いて止まり，再び2. 4と叩く。また，途中まで叩いていったが，再度初めから叩きなおす場合もある。例えば系列(4)1. 3. 2. 4を，1. 3. 2と叩いて止まり，やりなおして1. 3. 2. 4と叩く。これらは共に叩く順序が正しければ合格とする。

(16) 紙　　切

> **P 124　帰納紙切**

　この検査項目は，必ず，紙切Ⅰ（P 125）より後に実施しなければならない。
　検査は，紙を折って切り，1回ごとに切って出来た孔の数を子どもに正しく教えていく。
　孔の数は正しく答えるが，孔が増えていく法則を発見出来ない時は不合格とする。
　途中の孔の数は間違って答えるが，法則は正しく答える時は合格とする。
　帰納紙切は，5葉の検査項目のなかで，特に子どもの知的好奇心を触発する課題のよ

うである。この課題に対する子どもの態度や考え方から，子どもの知的関心の高さがうかがえ，参考になることが多い。また，この課題は子どもが興味を示し，検査への導入が容易な課題の1つである。このようなことに配慮して，検査全体の流れを組み立てるとよい。

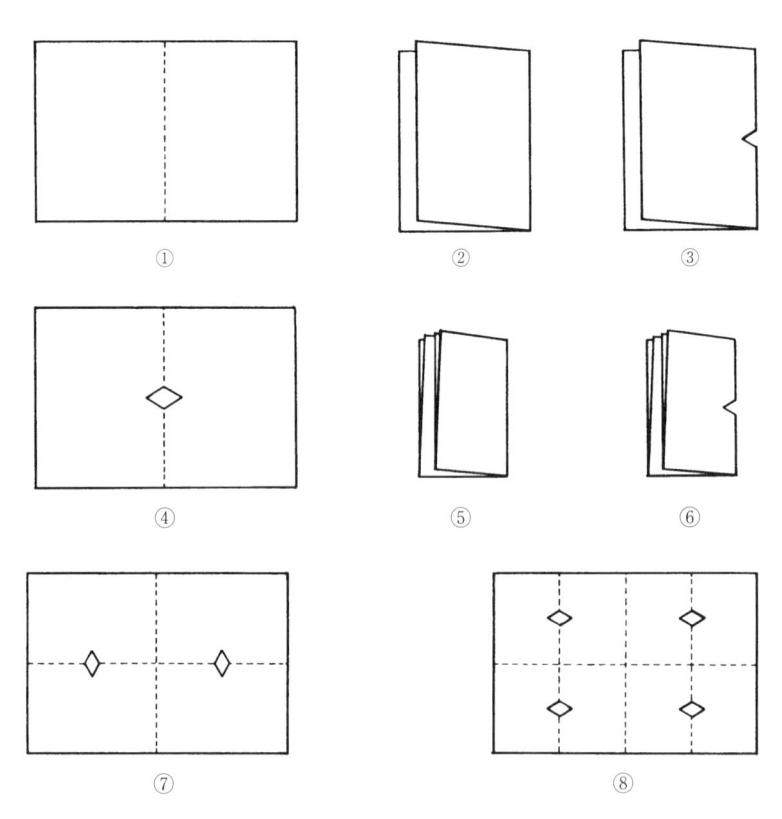

図3-19　帰納紙切

P 125　紙切 I
P 126　紙切 II

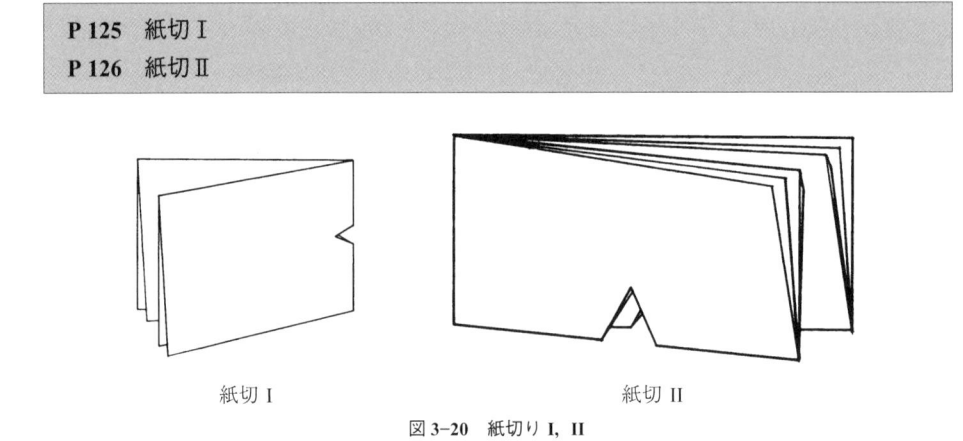

紙切 I　　　　紙切 II
図3-20　紙切り I，II

　この検査項目は帰納紙切（P 124）より前に施行するよう注意する必要がある。
　紙切 II（P 126）を実施する時，紙切 I（P 125）の正答を検査者が教えてはいけない。折った紙は開かないで机の上に置いておき，子どもが手に取ったり，折り目を覗き

込んだりしないように注意すること。

(17) 三角形置換

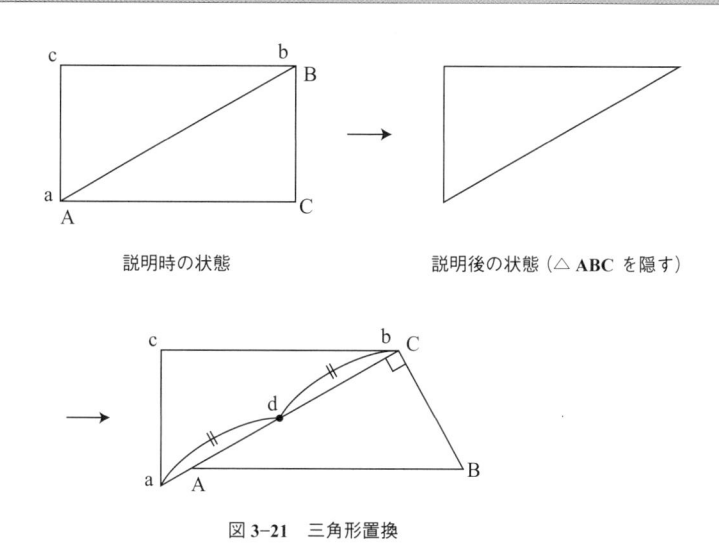

P 127　三角形置換

図3-21　三角形置換

　検査の説明は、まず2枚の三角板を合わせて長方形になった状態から始めるが、手引書に書かれた教示の後、被検者である子どもに近い方の三角板（三角形 ABC）を取り除き、子どもから見えないように隠してから、子どもの反応を始めさせる。
　合格基準は：① A が △abc の辺 ab 上で ab の中点 d より a 寄りに位置すること，
　　　　　　　② C が b と一致し直角であること，
　　　　　　　③ 辺 AB が辺 cb と平行であること，
　と定めている。
　　以上の条件に適合した △ABC を描いた時合格とする

3-4　言語・社会（Language Social）領域の検査

　言語・社会領域の検査項目とは，項目記号を V で示した検査項目である。1 歳を過ぎた子どもを対象としたこの領域の検査項目は，全て言語を媒介として検査者と子どもが情報を交換するのであり，言語領域とよんでも差支えない。子どもは，机の前に坐った状態で検査するので一括して机上の検査とよんでいるが，課題図版を使用する検査項目を除き，課題が検査者の言葉による検査項目では，必ずしも机が必要でないのは当然である。言語反応が得意な子どもと，動作反応の方が得意な子どもがいることに注意して検査の流れを組立てる必要がある。

(1) 数　　　唱

V 1	2 数復唱	1/3	V 5	4 数逆唱	1/3
V 2	3 数復唱	1/3	V 5 b	5 数逆唱	1/3
V 3	4 数復唱	1/3	V 5 c	6 数逆唱	1/3
V 4	5 数復唱	1/3			
V 4 b	6 数復唱	1/3			
V 4 c	7 数復唱	1/3			

（復唱材料）

2 数（例）3	(1)	5-8	(2)	7-2	(3)	3-9
3 数（例）5-8	(1)	7-4-1	(2)	9-6-8	(3)	2-5-3
4 数	(1)	4-7-3-9	(2)	2-8-5-4	(3)	7-2-6-1
5 数	(1)	3-1-7-5-9	(2)	5-2-4-7-3	(3)	6-9-2-8-7
6 数	(1)	7-3-5-8-4-9	(2)	5-2-1-7-4-6	(3)	9-6-2-7-3-8
7 数	(1)	2-1-8-3-4-6-9	(2)	6-9-2-8-4-7-5	(3)	7-4-9-6-3-5-2

（逆唱材料）

4 数（例）2-4	(1)	6-5-2-8	(2)	4-9-3-7	(3)	3-6-2-9
5 数	(1)	3-1-8-7-9	(2)	5-2-9-6-1	(3)	6-9-4-8-2
6 数	(1)	4-7-1-9-5-2	(2)	5-8-3-2-9-4	(3)	7-5-2-6-3-8

　まず数の復唱及び逆唱について説明する。
　新 K 式検査の中で数の記憶は，積木叩きや図形模写とともに同質の課題が広い年齢範囲に系列として配置されているという意味で，特別な課題である。数の復唱と逆唱の両系列課題は，他の検査項目の合格・不合格とは独立に，合格から不合格に移行する検査項目を調べておくことにする。項目の詳しい分析は中瀬（1990）にある。
　検査用紙では，この課題の掲載されている行に短文復唱など文の記憶課題が含まれている。その課題が不合格であっても，それより上の年齢に配当されている数の記憶が合格となることもよくあるので注意が必要である。なお，数の復唱・数の逆唱の両課題は続けて施行してもよい。
　復唱課題の場合，検査者が課題材料となる数列を言い終える前に，検査者の声を最後まで聞かずに，子どもが復唱を始めることがよくある。検査者が言い終わり，「はい」と合図するまで黙って聞いておくように，例を使ってしっかりと課題を理解させておく

ことが大切である。それでも途中から復唱を始めた時は，「先生（お兄さん，お姉さんなど適当に言い換えてよい）と一緒に言わず，言い終わるまで聞いてから，後でその通りに言ってください」と注意を促してから，次の材料にすすむ。途中から答え始めた材料については誤答とする。

6数復唱や7数復唱では，途中まで復唱してから子どもが自発的に初めに戻り，何度も言い直すことがある。自発的ないいかえは誤りとせず，最終的に材料通りの復唱が出来れば正答とする。逆唱の場合も同様である。

例
① 6数復唱の材料(1) 7 3 5 8 4 9について：「7 3 5 う～んと7 3 5 8, 7 3 5 8 4 9」のように答えた時等も，正答とする。
② 4数逆唱の材料(1) 6 5 2 8について：「6 5 2 8だから，8 え～と6 5 2 8, 8 2 う～んと6 5 2, 8 2 5 6」と答えた時等も，正答とする。

各系列とも3つの材料のなかで1問が正答であればその課題は合格である。材料(1)が正答であれば材料(2)(3)は検査せず，次の課題に移る。3問とも誤答であれば不合格で，その時点で課題を終える。

（2）文の記憶

| V 6　短文復唱Ⅰ　1/3 |
| V 7　短文復唱Ⅱ　1/3 |

（V 6）短文復唱Ⅰ（材料）
(1) 犬はよく走ります。
(2) 今日はよいお天気です。
(3) 夏になると暑い。

（V 7）短文復唱Ⅱ（材料）
(1) あす（あした），は，運動会，です。兄さん（兄ちゃん），は，新しい，帽子，を，買って，貰いました（計11語）
(2) 昨日，は，お休み，で，ございました。太郎さん，は，公園，へ，遊びに，行きました。（計11語）
(3) お母さん，は，お仕事，が（で），忙しい，です。私，は，人形，と，遊びました。（計11語）

短文復唱Ⅰについて反応がない時，材料(1)「犬はよく走ります」だけは検査課題を理解させるため，3回まで繰り返して教示をする。ただし，教示を繰り返した後に正しく答えても正答とはせず，課題の理解が出来たものとして次の材料を施行する。3つの材料の内1つが材料通りに復唱出来た時に合格とする。

短文復唱Ⅱは，反応のない時再質問せず，次の材料(2), (3)を実施する。3試行内に1問を完全に材料通りの復唱をするか，または1誤以内で復唱出来る文が2問あれば合格とする。

文の復唱における誤数の数え方は，各語句の脱落，転位，言いかえ，付加があった時は，いずれも1誤とする。材料(2)(3)にある接頭語（材料の文に下線で表示してある）を抜かした場合は1/2誤とする。二語句以上の句が位置を交替したときは，短い方の句に含まれた語数の誤りとする。語とは材料の文章で" ，"（コンマ）で区切られているも

ののことである。材料の語句を（　）内の語句に自発的に変えて答えた時には，誤りとしない。

脱落の例：(1)「帽子，を，買って，貰いました。」
　　　　　　　→「帽子，を，貰いました。」1誤（波線部1語句の脱落）
　　　　　(2)「公園，へ，遊びに，行きました。」
　　　　　　　→「公園，へ，行きました。」1誤（波線部1語句の脱落）
　　　　　(3)「お母さん，は，お仕事，が，忙しい，です。」
　　　　　　　→「お母さん，は，忙しい，です。」2誤（波線部2語句の脱落）
　　　　　(4)　お休み→休み　1/2誤（「お」の脱落）
　　　　　　　お母さん→母さん　1/2誤（「お」の脱落）
　　　　　　　お仕事→仕事　1/2誤（「お」の脱落）

部分脱落の例：(2)「お休み，で，ございました。」
　　　　　　　　→「お休み，で，した。」1誤（波線部の脱落）

短い方の語句を誤数と数える転位の例
　　　：(1)「公園，へ，遊びに，行きました。」
　　　　　→「遊びに，公園，へ，行きました。」1誤（波線部2語句と1語句の転位）
　　　(2)「太郎さん，は，公園，へ，遊びに，行きました。」
　　　　　→「公園，へ，遊びに，太郎さん，は，行きました。」2誤（波線部2語句と3語句の転位）
　　　(3)「太郎さん，は，公園，へ，遊びに，行きました。」
　　　　　→「公園，へ，太郎さん，は，遊びに，行きました。」2誤（波線部2語句と2語句の転位）

付加の例：(1)「兄さん（兄ちゃん）」
　　　　　　　→「お兄さん（お兄ちゃん）」1誤（「お」の付加）
　　　　　(2)「人形」→「お人形」1誤（「お」の付加）

言いかえの例：(1)「運動会」→「遠足」1誤
　　　　　　　　　「帽子」→「服」1誤
　　　　　　　(2)「昨日」→「今日」1誤
　　　　　　　　　「太郎さん」→「ぼく」1誤
　　　　　　　(3)「お母さん」→「お父さん」1誤
　　　　　　　　　「です」→「ので」1誤
　　　　　　　　　「人形」→「三輪車」1誤

（注）：ただし，子どもが自発的に以下の言いかえをした時は正答とする。
　　　材料(1)-(1)「あす」→「あした」
　　　　　　(2)「兄さん」→「兄ちゃん」
　　　材料(3)-(1)「が」→「で」

V 7 b　8つの記憶

(材料)
　昨夜，10時頃，京都市の，河原町に，火事があった。
　1時間ばかりで，消えたが，17軒やけてしまった。

2階に，(よく) 眠っていた，(1人の) 女の子を，助けようとして，
(1人の) 消防のおじさんが，顔に火傷をしました。

この課題は，文章中に含まれている内容を出来るだけたくさん記憶して，再生する能力を調べる課題である。

検査では，記憶図版を机の上に出して，材料の文章を子どもに声を出して読ませるのだが，読む前に，読んだ後で質問することを予告してはいけない。読めない文字の発音は教えてやってよい。文中の京都市の，河原町に，にあたる地名は，その子どもの住んでいる地方でのなじみのある地名に変更してもよい。

子どもが読み終わったら，直ちに記憶図版を机上から片付け，「今読んだお話しに，どんな事が書いてあったか，覚えていることを全部言ってください」と問う。短文復唱と誤解して，読んだ通りに思い出そうとして苦労していたら，「読んだ通りでなくてよろしい。書いてあった事を，覚えているだけ，皆，言ったらよいのです。」と促してやる。

正答の語数を数えるとき，助詞の誤り，脱落は問わない。再生の順序は材料の通りでなくてもよい。言葉の相違が多少あっても，意味を正しく再生していればよい。以上の条件で八つ以上の語を再生出来れば合格とする。

語数の数え方は，材料が句読点 (，。) で区切られたところを1語と数えている。単に単語とそれについた助詞で一つと数えているのでなく，「顔に火傷をしました」のように内容のまとまりを単位として数えていることに注意して欲しい。

正答例：以下のような再生は，誤りとして数えない。
① 助詞の脱落：河原町に→河原町
② 助詞の誤り：河原町に→河原町で
　　　　　　　　2階に→2階で
③ 同じ意味の言いかえ：(ア) よく眠っていた→ぐっすり眠っていた
　　　　　　　　　　　　　　　　　　　　　→よく寝ていた
　　　　　　　　　　　(イ) 17軒焼けてしまった→17軒焼けた
　　　　　　　　　　　(ウ) 消防のおじさん→消防士のおじさん
　　　　　　　　　　　(エ) 昨夜→昨日の晩

誤答例：以下のような再生は，誤りとして数える。
① 顔に火傷をしました→顔に大けがをしました
　　　　　　　　　　　→火傷をしました
② 火事があった→火事
③ 17軒やけてしまった→17軒，又は，やけてしまった
　　　　　　　　　　　　(一方しか言わない時)
　　　　　　　　　　→18軒やけた (数を誤った時)

(3) 比　　較

| V 8　大小比較　3/3, 5/6 |
| V 9　長短比較　3/3, 5/6 |

この課題は対象の性質を大−小，長−短のような一つの次元で比較するための基本的な概念が獲得されて，正しく比較することが出来るかを調べる。

これら比較の課題には，提示方法や判定基準などに特に紛らわしい点はないが，検査

者が判断に迷うような子どもの反応も少なくない。例えば、大きい丸を指示しながら検査者の承認を求めるかのように顔色を窺うといった場合である。検査者の対応いかんでは、否認されたと思い、小さな丸を指示し直す子どももいる。一方、検査者の顔色によって正反応をする子どももいる。検査者は正・誤の手掛りになるような反応をしてはいけない。

この検査のねらいは、子どもが対象間の関係について、どのように、どこまで理解しているかを明らかにするところにある。次のような視点を念頭におきながら子どもの反応を観察するのがよいであろう。

① 大-小を動作的に把握する
② 大-小を類概念的に把握する
③ 大-小を対概念的に把握する
④ 大-小を関係（系列）概念で把握する

子どもが、大-小を関係概念によって理解しているように見える場合も、実際には類概念的、対概念的に把握していることが少なくない。しかし、大小比較（V 8）は、大-小という対象間の関係について理解出来るかどうかを見るのであって、理解の仕方や内容までを問題としていない。

長短比較（V 9）についても、大小比較（V 8）に準じた視点から、子どもの反応を観察する。

V 10　美の比較　3/3

"美の比較"は、知能検査の原型を作ったBinetが考案し、今世紀の初めから用いられている検査項目である。ビネーは精神活動の一つとして美的感情の検査が必要と考え、いろいろと工夫を重ねたようであるが、結局、女性の顔を用いる"美の比較"にいきついた（生澤，1996）。この長い歴史をもつ検査項目も、民俗的な偏見や女性差別などの問題と抵触する懸念があり、検査項目から削除される傾向にある（Thorndike *et al.*, 1986）。新K式検査においても再改訂の機会には削除することが検討されているが、それはそれとして、"美の比較"が子どもの認知発達のどのような側面をとらえているのかを明らかにし、代替問題を考える上での参考にしたい。

認知発達の観点からみて、この課題に関連した要因として次の四つが考えられる。

① 図形特性に対する選好性（preference）
② 統覚（apperception）の発達
③ ことばの発達
④ 社会性の発達

図形特性に対する選好性については、生後間もない乳児が、いろいろな図柄の中から"人の顔"を特に好んで見る傾向があることが知られている（Fantz, 1961）。3～6か月の乳児を対象にした最近の研究では、人の顔の中でも"平均的"な顔（いわゆるプロトタイプ）に対する選好が認められること、しかも通文化的であるところから、それが意味するところについて、社会生物学的観点からの検討もなされている（Langlois, *et al.*, 1991）。こうした経過からもうかがわれるように、この課題が表面的な意味を超えた奥行きのある内容を備えていることがわかる。

次の統覚の発達と、③のことばの発達とは、表裏一体の関係にあるので、②と③を一括して述べる。3歳前後になると、幼児はマンガのように図式化された顔の表情につい

て"怒っている"とか"喜んでいる"とかを正確に認知することが出来る。こうした表情の認知は、目や眉や口などの特徴を相互に関連づけ、統合的に把握することによって可能になる。このように、多様な感覚刺激を統合して、そこに一つのまとまり（ゲシュタルト、Gestalt）、あるいは、"意味"を見出す働きは統覚とよばれているが、この過程が"ことば"の働きと表裏一体の関係にあることは、容易に理解されるであろう。

さて、"美の比較"に対する反応が、④の社会性の発達、すなわち、社会的態度や価値観の学習に基づいたものであるのかどうかは、もっとも関心のあるところであろう。この課題に対する批判の一つが、大人の価値観（偏見）を子どもに押しつける点におかれているからである。結論的に言えば、"美しい"とか"きれい"ということばが、ある種の態度や価値観を表すことばであるからには、そうしたことばの獲得が、社会的態度や価値観の形成と原理的には区別することが困難であろう。しかし、3歳の幼児の心性に即しながら、彼らの反応を眺めるならば、多少違った構図が浮かび上がる。まず、この課題が、"V 40・41　色の名称"より低い3歳2か月に配当されていることからみて、"美"について大人が持っているのと同一の抽象的・価値的な概念に基づいた反応であるとは考えにくい。3歳前後の幼児に、チューリップや桜の花の絵を二つの条件、例えば、少し散りかけているものとそうでないものをどちらがより"きれい"か比較させてみると、ほとんどの子どもが散りかけていない方を選ぶ（田中、1995）。試みたわけではないが、絵本にあるような典型的な花の絵と、高名な画家の描いた花の絵を比較させるとどんな結果が得られるだろうか。普通の湯飲み茶碗と"備前焼き"とか"信楽焼き"などの分厚い、歪んだ形のそれとの比較であってもよい。おそらく色彩や形を含めて、わかりやすい花や茶碗（プロトタイプ）が、より"きれい"とか"美しい"ものとして選ばれるであろう。大人の価値観というよりは、もって生まれた選好性とそれを適切に表現することばの使用が可能になったと考えるのが自然であろう。

| V 11　左右の弁別　全逆　3/3, 5/6 |
| V 12　左右の弁別　全正　3/3, 5/6 |

左右の弁別は、子どもの持つ身体図式や概念の形成を、左・右といったことばの理解を通して調べている。検査は、手続き通りに行い、始めの3試行に3試行とも逆か、6試行中、5試行に逆を示したならば、左右弁別全逆（V 11）の段階としてV 11を合格とする。それに対して、始めの3試行、あるいは6試行中、5試行に正しく答えることが出来れば、左右弁別全正の段階として、V 12も合格とする。全正に合格すれば全逆はあり得ないが、より高度な反応として、全逆も合格とする。この場合を無試行合格とよぶ。無反応の時は、再質問し、それでも無反応であれば不合格とする。

判定の基準は、問われている左右の手、耳、目が正しく差し示せばよく、手をあげる、耳をさわる、目を閉じるなど、示す方法は問わない。子どもが、反応を修正するとき、検査者などの様子をみて修正したなら誤答とする。親や検査者が手がかりを与えやすいので注意が必要である。（ただし、子どもが自発的に修正した時は合格とする）。左右両方の部位を示す場合は誤答である。

(4) 数 の 理 解

> **V 13　4つの積木　1/3**

　5 cm 間隔で横一列に並べた4個の積木を材料にして，子どもに積木を一つずつ順に指で押さえながら，積木の数を数えさせる。数の唱え方は「ヒトツ，フタツ，ミッツ，ヨッツ」でも「イチ，ニ，サン，シ」でもよい。声を出して数えるようには教示するが，検査者が「ヒトツ」等と声を出して誘導してはいけない。

　積木をとばさず一つずつ順に指で押さえながら，四つまで数えられれば合格とする。指で押さえずに全体の数のみを言ったときには，「いいえ，こんなふうに指をあてて数えるのです」と言って，左端の積木を指差してみせ，初めからやり直させる。積木に触れなくても，視線による指示（目指し）でも1個ずつ正しく対応して数える時は正答とする。終りにあらためて全体の数を言わせる必要はない。

> **V 14　13の丸　10まで　1/2**
> **V 15　13の丸　13まで　1/2**

　検査用紙（第4葉）の下端に描いてある13個の丸を材料にして，子どもに自分の指で丸を押さえながら，丸の数を声を出して数えさせる。

　2試行内に1回，10までが正答の時はV 14を，13までが正答の時はV 14だけでなくV 15も合格とする。10個まで丸を順番に押さえ，数唱が正しければ，11個目以後2個の丸を同時に押さえたり，数唱を誤るなどしても，V 14は合格としてよい。

　正答例：丸を順に一つずつ丸をとばさずに指で押さえながら，数を正しく唱え，10または13まで数えられれば，それぞれの課題を正答とする。10で数えるのを終えず，10を過ぎてから丸との対応がくずれた時にも，V 14を合格としてよい。

　誤答例：①　数唱は正しく，指の動作と一致しているが，指で丸を押さえる時，描かれている丸をとばす。または，隣り合った2個の丸を押さえて次に進む。
　　　　　②　一つずつ順に押さえていくが，押さえる指の動作と数の発声が一致しない。
　　　　　③　9までは正しく数えるが，10を唱える時，正しく10番目の丸を押さえず最後の13個目等にとばして指差ししてしまう。

　再質問：1試行目で，丸と指の対応が悪くて誤答の時や，10まで正しいが，そのあと1. 2. 3と唱えるなど11から13を正しく数えられない時は，もう一度同じ手続きで試みさせる。

> **V 16　数選び　3　　V 18　数選び　6**
> **V 17　数選び　4　　V 19　数選び　8**

　数の呼称は「サン」「シ」でも「サンコ」「ヨンコ」でも「ミッツ」「ヨッツ」でもよい。できない時は数の言い方を変えたり，繰り返したりしてもかまわない。検査の順序は3個，6個，4個，8個の順であって，3個，4個，6個，8個と増える順に検査してはいけない。

間違った時には「3個ですよ」などと数だけを再質問してよいが，そのことばかけのタイミングが終了の暗示とならないように注意する。例えば，子どもが教示の個数より1個多く入れた直後に言ってしまうと，一つ多すぎたという暗示になってしまうことがある。子どもが数えて，全てを入れ終わったとわかるまで待つなどの配慮が必要である。

検査者の表情を覗いながら1個ずつ入れたり，正しい数を入れたあと検査者の顔を見て同意を求めることがある。「3個入れるのですよ」などと問題だけを繰り返す。検査者の表情やうなずきが答えの手がかりになってしまうことがあるので気をつける。また，「数えながら入れてもよいですよ」などと入れ方のヒントを与えてはいけない。誤答のときも誤っていることを伝えない。

正しい個数だけを選んで入れたら，それぞれの項目を合格とする。正答しても偶然と思われる時は，後でもう一度試行してから判定する。

| V 20 | 指の数 | 左右 |
| V 21 | 指の数 | 左右全 |

V 20〜21の主な反応事例や実施上の留意事項については，手引書で十分な説明がなされているので，ここでは，これらの問題のねらいや意義について補足的説明をしておきたい。

一般に，子どもの数の概念は，具体的な状況に結びついた個別の知識として獲得され，それらの知識が統合されながら発達してゆく。"積木が5個あること""硬貨の名称が5円であること""片方の手の指の数が5本であること"などを知っていても，5という共通の数が自覚されているわけではない。

手の指が何本であるか答えられない子どもは，自分の手の指を数えようとする。正しく答えた子どもでも，念を押されると，不安になって数えなおすこともまれではない。このように，繰り返し自ら確認することを通じて手指についての知識は強固になり，例えば"どの指から数えても結果はいつも同じになる"といったことが確信出来るようになる。このような確信は，数の集合がもっている重要な性質の一つである"数の保存"の理解に通じるもので，積木などを数えるのとはちがった側面から数の概念の発達に寄与していると考えられる。また，両方の手数の数を"合わせて10本"という知識にも興味深いものがあるが，その点については"V 25 釣銭"を参照されたい。

| V 22 | 5以下の加算 | 2/3 |
| V 23 | 5以下の加算 | 3/3 |

（材料）
(1)「2＋1」
(2)「1＋1」
(3)「2＋2」

子どもは，数を数える経験を積むうちに，4〜5個以内であれば，瞬時（直観的）に対象物の数を把握することが出来るようになる。さらに，この問題のように，対象物が眼の前になくても，状況をイメージしながら，自分が手にしているアメの数を直観的に把握出来るようになる。

この問題の主旨は，対象物のイメージを操作しながら，それらの数を把握出来るかど

うかを観察するところにある。それを出来ることが，より大きな数の加減算に進むための基盤になるからである。

なお，子どもの中には，イメージ化された対象物を一つ，二つ，……と声を出して数えてから解答したり，手の指を使いながら解答する場合がある。自発的な行動を妨げる必要はないが，そのような方法を教えてはいけない。正しい数が言えれば合格とする。

V 24　打数かぞえ　3/3

（材料）
　(1)　7個　　(2)　5個　　(3)　8個

対象物の数を，声を出して数えることが出来るようになった子どもは，いつ頃から声を出さずに数えられるようになるであろうか。このように頭の中で，すなわち，内言で数えることが出来るかどうかについては，"音"のような対象の方が観察しやすい。内言であるから，声を出して数えたり指を折って数えることは当然禁止しなければならないが，それだけでなく，検査者の叩く動作やその振動などにも注意しなければならない。この問題は，数についてそれまでに獲得した知識を，聴覚的対象を声を出さずに数えるというように新しい状況に適用させるわけであるから，子どもにそれなりの構えをとらせる必要がある。"例示2個"を，必要なら3回まで繰り返すことが認められているのも，この問題の特性を子どもに十分に理解させる上で必要であるからである。なお，叩き終ってから数を尋ねると，"イチ，ニ，サン，シ，ゴ，ロク，シチ"のように答える子どももいるが，数が正しければ，このような答え方も正答とする。

V 25　釣銭　2/3

（材料）
　(1)「お菓子を4円で買って10円渡したら，おつりはいくらもらえますか。」
　(2)「12円のものを買って，15円渡したら，おつりはいくらですか。」
　(3)「20円もっていて4円使ったら，いくら残りますか。」

この問題の主旨は，買い物のように，お金を数える状況で引き算をさせるところにある。三宅（1982）は，子どもは35円とか43円のような金額を，硬貨を適宜組み合わせて作ることが出来ると言う興味深い報告をしている。その内容が6歳6か月の自分の子どもで観察したように，76足す25は難しくても，76セントと25セントでは「25セントが四個と1セントだから1ドルと1セント」のように，お金を数える状況では，繰り上げ，かけ算，わり算などの知識がなくても，類似の数の操作を自発的にやっているのである。

釣銭の問題についてはV 22, 23（5以下の加算）と異なり，自発的であっても指を使ったり紙に書いたりすることは許されない。また，手引どおりの手続きで出題されると出来ないが，"20-4"のように筆算の形で出題されると誤りなく解答できる場合がある。この場合は不合格である。

V 26　20からの逆唱

　20からさかさまに（逆に）1まで順に数える課題である。教示をしても，自信がなくて「出来ない」という子も多いが，その場合は「頑張って，やってごらん」と励まして試みさせるようにする。ためらっている時や黙っている時には，23から21までを例にして，「23, 22, 21という様に20から1まで，さかさまに数えるのです」と再質問する。

　逆に，20までの数を数えられない子どもには，検査をする必要がない。

　逆唱の制限時間は40秒であるが，時間は子どもが数え始めた時から計る。

　正答基準は，40秒以内に誤りが1個以内の逆唱が出来ることである。制限時間を越えない限り，自発的な訂正は何回しても誤りとは数えない。

　誤りの例と数え方を次に示す。

1）転位
　① 20, 19, 18, 16, 17, 15, 14, 13, 12……
　　　　　　　　　　　　　　17, 16の転位で1誤
　② 20, 19, 18, 17, 15, 16, 17, 14, 13, 12……
　　　　　　　　　　　　　　15, 16と17の転位で2誤

2）脱落
　① 20, 19, 18, 17, 16, 14, 13, 12……
　　　　　　　　　　　　　　15の脱落で1誤
　② 20, 19, 18, 15, 13, 12……
　　　　　　　　　　　　　　17, 16, 14と3数の脱落で3誤

3）付加
　① 20, 19, 18, 17, 16, 17, 15, 14, 13……
　　　　　　　　　　　　　　17の付加で1誤
　② ……8, 7, 6, 7, 5, 4, 3, 2, 1, 0
　　　　　　　　　　　　　　7, 0の付加でそれぞれ1誤と数え合計2誤

V 26 b　算術的推理　2/3

（材料）
　(1)「2枚の紙のねだんが5円とすれば，50円では何枚の紙が買えるか。」
　(2)「針金3mで15円とすれば，7mではいくらか。」
　(3)「ある子どもがこづかいを1日に20円もらう。そのうち1日に14円使うとすれば，300円ためるには何日かかるか。」

　推理というのは，よく知られている事実や事実間の関係から一つの結論を導き出す思考の働きである。推理を中心とする問題解決の過程は外部からは観察されにくい。特にV 26 b（算術的推理）からV 26 e（方位）に至る問題は，すべて暗算で解答することが求められているから，被験者の反応を分析するための手がかりが得にくい。そこで，合格・不合格の基準のほかに，少なくとも次のような視点から観察してみることをすすめたい。

　①　問題を理解するのに必要な知識を持っているか
　②　問題から必要な情報を適切な形で取り出すことが出来るか
　③　問題はどのように理解されたか

④　どのような解決方法が用いられたか

①，②は特に説明を要しないであろう。③は問題を自らのことばで再構成して求め，解答が何かをはっきりさせることであり，④は結論の導き方で，単位あたりの値段，比例関係，未知数を含む方程式，そのほかのいずれに着目するかといった側面である。

V 26 b の三つの問題では，単位を言わずに数だけを答えた場合は，正確に答えるように促し，それでも数だけしか言わない場合は不合格とする。また単位を誤った場合も不合格である。

なお，暗算で解答する問題であるから，解決の過程を直接観察することは出来ないが，被検者の反応から間接的に推論出来る場合も少なくない。また，問題理解の内容や誤りの原因などについて明らかにするために，検査手続きを終えた後で質問するなど，必要に応じて検索を加えてみるのもよいであろう。

(5) 概 念 操 作

V 26 c　時計の針　2/3

(材料)
(1)　6 時 20 分
(2)　8 時 10 分
(3)　2 時 45 分

時計の針の問題を解決するには，被検者は，①頭の中に時計を想起し，②与えられた時間を長針と短針によって表示された状態を思い浮べ，③長針と短針の位置を入れかえ，④新たに表示された時間を読み取るといった，かなり複雑な概念操作が必要である。しかし，時計が非常に身近な存在で，日常的に利用していることや，安定したイメージを得やすい対象であることなどが，この問題を相対的に易しくしていると考えられる（V 26 b, V 26 d, V 26 e 参照）。

なお，時計を見たり，紙の上に時計を描いたりして考えることは許されないから，この問題を実施する前に，室内の状況などを調べ，あらかじめ時計を隠す等必要な措置を講じておかねばならない。

V 26 d　閉ざされた箱　3/4

〔手続〕
「今から言う問題をよく聞いて答えて下さい。」
「ここに大きな箱があります。この箱の中には小さな箱が a 2つ 入っています。その小さな箱には，また，もっと小さな箱が b 1つ ずつ入っています。そうすると，大きな箱も入れて，箱は皆でいくつありますか。」
「もう一度，言います。初めに大きな箱があり，その中に a 2個 の小さな箱，また小さな箱それぞれにもっと小さな箱が b 1個 入っていれば，箱は皆でいくつですか。」
と問う。
以下，下線部を(2)，(3)，(4)の順で変えて質問する。
(材料)

(1)　a = 2　　b = 1
　　(2)　a = 2　　b = 2
　　(3)　a = 3　　b = 3
　　(4)　a = 4　　b = 4

　閉ざされた箱は，V 26 c（時計の針）と違い，多くの被検者にとって，はじめて経験する問題であろう。日常的な問題は経験的な知識や操作で解決がはかられるが，未経験な問題ではより形式的・論理的な思考が必要である。ただし，「ここに大きな箱があります……」に始まる問題の提示の仕方は，被検者の問題への導入を容易にし，その理解を助けている側面がある。その意味で，問題の提示に当っては，説明の速さや間の取り方などに，十分な配慮が必要である。

V 26 e　方位　2/2

〔手続〕
　方位図版を出して，質問を読む。問題の文章を被検者に見せてはいけない。
　(1)　「これから私の言う事をよく聞いて答えて下さい。
　　　　『私は，西の方へ 2 km 歩き，そこで右を向いて，北へ 0.5 km 歩きました。
　　　　そこでまた，右を向いて，前方へ 2 km 歩きました。』
　　　　最後に私は，どの方向を向いて歩いていましたか。」
　　　と問う。
　(2)　正しく答えたら，次に，
　　　　「私の，今いる所は，出発点から何 km 離れていますか。」
　　　と問う。
　この問題の特色は次の点にある。
　①　問題の文章を被験者に見せないで，検査者が読んで聞かせる。
　②　空間関係を表すための諸概念や，0.5 km のような少数点を含む数字が含まれるなど必要な知識の範囲が拡大されている。
　①は V 26 d（閉された箱）の問題の提示方法と比較してみるとわかるように，問題をより難しくしていると考えられる。その意味で問題の文章を二度，三度と繰り返し読んでやることは避けるべきである。読む前に，しっかり聞くよう注意を促して，ゆっくりと読んでやるなどの配慮が必要となる。

(6) 身体部位の理解

V 27　身体各部　3/4

（材料）
　(1)　目　(2)　鼻　(3)　口　(4)　耳

　この項目は，指差し行動（V 30）とともに子どもの持つ指示機能の発達をみる項目であるが，検査者のことばを理解し，直接には子どもがみることの出来ない身体各部の名称を理解しているか，指差しなどの身振りで応答的に反応出来るか，を調べるものである。秦野（1983）は，身体各部を指させることは，現前にない物を問われても指示することが出来ることと同一の機制が働いているという。

項目の判定基準を以下にあげる。
① 問われている子どもの身体各部を指差す，触る，押さえる，つまむ，軽く叩くなどの行為が，目，耳，鼻，口の4部位のうち3部位以上に得られれば合格とする。
② 母親，検査者，人形など他者の身体各部を指し示す時には再質問する。子ども自身の身体各部を指示できない時は不合格とする。
③ 再質問をする時，「クサイ」などと言いかえてはいけない。
④ 口を問われた時，自分の口を開けた時には再質問する。同じ反応を繰り返した時には合格としてよい。目を問われて目を閉じる場合も明らかに質問に対する応答であれば合格とする。
⑤ 養育者，保育者からの聴取合格は原則として認めないが，検査場面で反応が生じない場合，日常場面での行動を尋ねておくとよい。検査結果の解釈となる。

```
V 28  脱落発見  3/4
V 29  脱落発見  4/4
```

4枚の脱落発見図版を見て，25秒以内に指定された脱落箇所をことばで指摘出来れば正答とする。4枚の中で3図版に正答出来ればV28を，4図版全てに正答すればV28とV29を合格とする。

第1図版で反応が得られない場合は，「ほら，お姉さんの顔にはここに目がないでしょう」と例示してもよい。

以下に判定基準をあげる。
① 25秒以内に脱落している部分を正しく言葉で答えること。身振りで自己の身体部位を指示した時も正答としてよい。
　　正答例
　　　(1)「めがない」「め」「こっちのめ」
　　　(2)「はながない，めある」「はなのここがない」
　　　　＊「かおのせんがない」は再質問する。
　　　(3)「くちあらへん」「くち」「くちびる」
　　　(4)「てがない」「うでがない」「りょうてがない」
② 脱落している部分の指示だけに終わる場合は再質問する。
　　再質問例
　　　「ここがない」「ここ」
　　再質問して同じ返答が得られた場合は誤答とする。
③ 図版1～3において顔の部分以外の身体の部位を指摘する場合は誤答とする。
④ 子ども自身の正しい身体部位を指差して示したり身振りで表現した場合は正答とする。

V 10（美の比較）が，主として統覚の発達をみる項目であったとすれば，脱落発見は，対象について分析的にみることが出来るかどうか，具体的には，人の顔を，単に"人の顔"として見るだけでなく，すでに獲得している目，鼻，口などのことばの助けを借りながら，分析的にとらえていくことが出来るかどうかをみる課題である。V 51（語の定義）でわかるように，幼児が身近な事物を対象化し，言語的に表現出来るようになるのは，一般的には，5歳を過ぎてからであるが，この検査項目はちょうどその前段階に位置づけられていることになる。対象の諸特性，例えば，対象の色や形，対象が

どのような部分から構成されているのかなどの分析的な把握には，ことばの働き（対象指示機能）が欠かせないが，このような認知の働きが最初に観察されるのは，なんといっても一番身近な対象である人の顔や身体ということになる。動物などを対象にしてもよいわけであるが，子どもの経験差や個人差がより大きくなる可能性がある。

さて，この課題も，身体障害者やその家族に配慮を欠いている点が指摘されており，再改訂の際には"美の比較"と同様に削除することが検討されている。この項目がいささかでも不快感を与えるとすれば，それはわれわれの本意ではない。この問題については，2項目を削除し，それらに第3検査項目を開発するなどの解決策を検討しているが，当面の対策を"以下"に示しておきたい。

削除版の作成について

削除版の正式な名称は「新版K式発達検査削除版用得点・発達年齢換算表」であるが，支障のない限り「削除版」と略称する。

上記の解説の中でもふれたように"V 10　美の比較""V 28・29　脱落発見"の2項目が，利用者に不快感を与える場合があるところから，関係者の間では，現在，これらの項目を削除して，それらに代わる検査項目の開発を進めている。しかし，検査の再改訂には相当の日時を要するところから，当面の対策をして，2項目を除いて検査を実施する場合の換算表削除版を作成した。

削除版の問い合わせ先：京都国際社会福祉センター乳幼児発達検査研究所

〒612-8027　京都市伏見区桃山町本多上野84　TEL 075-612-1506

(7) 指示機能

V 30　指差し行動

指差し行動（V 30）の判定基準は，自発的指差し，あるいは，質問に対する応答として生じた指差し，いずれも合格とすることになっている。検査者の質問に対する応答として生じた指差しは，指差した対象が問われている対象として適切なものでなくても合格とする。検査の中で，指差しが1度でも観察されれば，この項目は合格とする。

判定する時に問題となるのは，物への手伸ばし（リーチング），手差し，ポーキング（poking），フィンガーリング（fingering）などとの区別である。障害のある子どもの場合，人差し指以外の指で指差すこともある。また，ある特定の対象を指差してはいるが，そばにいる他者に伝達しようとする意図がみられない指差しを非伝達的指差しとよび，発達的に意味があり，ポーキングと区別する必要があることがわかっている（小山，1989）。

手差しについては，指差しが獲得されている子どもでも対象への興味，要求の度合いによって，手全体で指し示す手差しになる場合があるので注意を要する。

また，未熟児新生児や生後2か月頃の子どもに，人差し指の運動が他の指から独立し，ちょうど指差しをしているような手の形状を作ることが観察される。これは，定位反射の1つと考えられ，後に生じる指差し行動との関連性については今後の研究を待たねばならない。

| V 31　絵指示　4/6 |

(材料)
　(1)　犬　　(2)　自動車　　(3)　人形
　(4)　茶碗　(5)　鋏　　　　(6)　魚

　身体各部指示（V 27）と同様に質問への応答を目的とした指差しの指示機能，絵指示図版に描かれている 6 つの物の名前の理解（幼児語でもよい）の発達を調べている項目である。他者のことばを聞いたときの表象の形成，初期の概念化の発達が調べられる。
　この項目の判定基準をあげる
　① 絵指示図版に描かれている 6 つの絵のうち 4 つ以上を正しく指差して答えればよい。正しく応答出来ていれば，手差し，ポーキング，問われている絵を叩く，手で押さえる，なぞるなど指示する方法は問わない。
　② 子どもが自発的に命名していった場合も正答とするが，応答の指差しが出来るかどうかは，再質問して確かめておくことが望ましい。
　③ 玩具や実物（ミニカーや本当のはさみ）を探して，指差すときは，再質問する。絵指示図版の中の絵が指示出来ないときには不合格とする。他の絵本を持ってきて指示しても合格としない。
　④ 問われた絵をじっとみるなど視線で示す（eye pointing）ときは再質問し，手などの動作で指し示さないときは不合格とする。

| V 32　絵の名称Ⅰ　3/6　　　V 34　絵の名称Ⅱ　3/6 |
| V 33　絵の名称Ⅰ　5/6　　　V 35　絵の名称Ⅱ　5/6 |

　（V 32・V 33）絵の名称Ⅰ（材料）
　(1)　傘　　(2)　花　　(3)　魚
　(4)　靴　　(5)　服　　(6)　鋏
　（V 34・V 35）絵の名称Ⅱ（材料）
　(1)　電話　(2)　自転車　(3)　鉛筆
　(4)　時計　(5)　椅子　　(6)　ボール

　絵の名称Ⅰ，Ⅱ（V 32～35）は，ともに 6 枚の絵カードに対する命名能力，構音（調音）能力を調べている。判定基準は，絵の名称Ⅰ（V 34）では幼児語を認め，絵の名称Ⅱ（V 35）では成人語での命名としている。小山が，ある乳児に，絵の名称図版を提示して，その命名態度の縦断的変化を調べた結果では，2 歳 0 か月から絵の名称Ⅰに対する命名がみられはじめ，それ以前には絵指示図版（V 31）の車や魚を命名することがあった。絵の名称図版では，「クック」（靴），「アナ」（花）が最初であった。絵の名称Ⅱの 6 枚の図版全部が命名出来るまでのプロセスでは，V 34, 3/6 が V 33, 5/6 に先行することもみられた。

　絵の図版に対する反応として，図版を指差す，図版を指差し無意味な発声をする，図版と実物との照合を試みる，単音で命名する（語の音を置換したり，省略する），身振りで示す（電話図版を見て，受話機を耳にあてるふりを手でするなど），幼児語や動作語で命名する（鋏の図版に対して「チョキチョキ」など），正確な成人語を言うなどの段階がみられる。これらの順序性については，個々の子どものタイプ，障害の有無などによって異なり，その点については今後の検討課題である。

判定基準としては以下のようにまとめられる。
① 絵の名称Ⅰ（V 34）については，幼児語，動作語を認める。
② 絵の名称Ⅱ（V 35）については，成人語であること。
③ 単音による命名は，養育者に尋ね，日常生活でその時期にその対象を同定しているものとして一貫して使用されている場合は絵の名称Ⅰの場合，正答と認める。
　　例　椅子：「チュ」，魚：「ナ」
④ 構音上の置換，省略，歪みは認める。
⑤ 身振り動作による表現は認めない。ただし，命名に身振り動作が伴ってもよい。
⑥ 方言は認める。
⑦ 絵の一部の名前をいう（例えば，花の葉を「ハッパ」）場合は誤答とする。
⑧ 図版に描かれている絵が命名されることが前提であり，服を「オトウサン」，鉛筆を「ボールペン」，自転車を「サンリンシャ」という場合は誤答とするが，再質問してみること。
　反応例
　　　魚：正答「キントト」「キンギョ」「コイノボリ」
　　　　　誤答「タイ」
　　　花：誤答「キク」などチューリップ以外の花の名前を答えた場合。

(8) 叙　　　述

V 36　絵の叙述　2/3

（材料）
　(1) 部屋の絵
　(2) 新聞を見ている絵
　(3) 船に乗っている絵
　絵の叙述（V 36）の判定基準は子どもの反応が，
① 適切な内容であるか。
② 適切な形式を持っているか。
の二つの視点で調べるものである。
　絵の叙述の検査項目については，標準化資料とは別に 253 名の検査結果に基づいて詳しい分析を行った（中瀬，1985）ので，結果を簡単に紹介し参考に資するが，詳細については直接文献を参照してほしい。
　子どもの反応は，ビネーも述べているように（Binet & Simon, 1908），絵に描かれている物の名前を列挙するものと，書かれた事物について叙述しようとする答えに大別出来た。列挙の反応は，年齢の増加にともなって減少する初歩的な解答といえる。叙述の反応も，その叙述する対象や，文章の文法的な特徴などによって細かく分類することが出来る。分析の結果，絵の主題である人物を主語とした叙述を正答とすればよいことがわかった。そこで，正答の具体的な基準を以下に示し，反応例を挙げて単位の数え方を説明する。図版ごとの反応例とその判定結果は，表 3-1 にまとめて示す。
1) 正答の具体的基準
　① 画面の中に描かれている人物をあげ，その動作や状態を述べること。
　② 叙述の内容は，最小限 3 単位より成ること。

叙述内容の単位とは、人物の表現・動作の表現・状態の表現をそれぞれ1単位とする。ただし、複数の人物を表わす語は、2単位と数える。

表3-1 絵の叙述の反応例

絵		反応例
親子	正答	①お母さんが、座って、お茶飲んでいる。 ②女の人がお人形さん抱いてはるの(2)。猫寝てるの。お母さんがお茶やらはった(2)。 ③子猫と3人でお留守番してはるの。 ④お母さんと子ども、遊んではるとこ。 ⑤遊んではる、お人形さんで遊んではる、お母さんが何か、お茶持って来てはる。 ⑥子どもが遊んで、お母さんがお茶持って来て、子どもが有り難いといいました。猫が寝てます。 ⑦座ってはる。猫がお昼ねしてはる。女の子が人形もったはる。お母さんと女の子がお人形を持っている。
	誤答	①猫寝る。 ②散らかしてはる。 ③人間、猫いてる、積み木も椅子もある。テーブルもある。 ④お母さんと女の子が描いたはる。（内容の誤り） ⑤家の中の絵。
新聞	正答	①人が新聞持ってる。 ②ふたりで新聞見てはるの。 ③バスを待ってる人たち。 ④お父さんが新聞見てはるの、お兄さんがバス来るの待ってはんの。 ⑤新聞見てはる、これかて（人を指差しながら）、新聞見てはる。 ⑥新聞読んではるの、バス停のとこで、新聞読んではるの。 ⑦バスが来るまで、新聞を読んで待ってはる。 ⑧バス待ってはるとこで、ほんで新聞読んではって…… ⑨新聞読んではるの、警察の人と、それから4人の人、男の人、警察の人が新聞を見てはる、働いている人一杯、1・2・3・4・5人で新聞一つ、みんな見てはる。 ⑩警察の人と大人の人が新聞見てる。 ⑪みんな新聞読んではる。 ⑫バスを待っているときに新聞を読んでいます。
	誤答	①バス待っているとき、新聞。 ②新聞見てはる。 ③お巡りさんいてる。新聞、バス乗るとこある。
舟	正答	①舟乗ってはるの、お姉ちゃんと男の子と乗ってはるの。 ②舟に乗ってる絵、舟に乗って島まで行かはるの。 ③お父さんとお兄ちゃんと子どもとお姉さん、舟乗ってはる。 ④お父さんと、子ども3人が、ボートに乗って、川渡ってはる。 ⑤家族で舟に乗りました。漕いだのはお兄さんで、アヒルも泳いでいました。
	誤答	①人が乗ってるとこ。 ②お舟乗ってる絵。 ③お舟乗ってはる。 ④ボート乗ってはる。 ⑤ボートが2つ留まっています。 ⑥お舟もある。人間もある。漕ぐのもある。あと2つお舟ある。

（注）1. 無反応、反応拒否、反応回避は、代表的な誤答（合格としない）であるが、表中には記入していない。
　　　2.「はる」は京都方言であり、「～している」の丁寧語である。

2) 単位の数え方

正答例：① 複数の人物をあげ，一つの動作または状態を述べるもの。
　　　　　例：皆で，　新聞を読んでいる。
　　　　　　　（複数の人　一つの状態）
　　　　　　　　　　2　＋　　1　　＝　3
　　　　② 一人の人をあげ，その動作または状態を2個述べるもの。
　　　　　例：お母さんが，座って，お茶飲んでる。
　　　　　　　（一人の人　　状態　　動作）
　　　　　　　　　1　＋　1　＋　1　＝　3
　　　　③ 一人の人をあげその動作か状態を一つ述べる文章が　二つあるもの。
　　　　　例：お母さんが，座っている。お姉ちゃんが，遊んでる。
　　　　　　　（一人の人　状態　，　一人の人　　動作　）
　　　　　　　　　1　＋　1　＋　1　＋　1　＝　4

誤答例：④ 単に「ある」「いる」と答えるのは，動作・状態の単位とはしない。
　　　　　例：お巡りさんが　いる。
　　　　　　　（一人の人　動作・状態と認めない）
　　　　　　　　　1　＋　　0　　＝　1

注記：① 採点対象とする叙述は，刺激図の内容を正しく表現していること。
　　　② 採点の対象とする叙述は，3つ以上の文に分かれてはいけない。
　　　③ 正答とする叙述以外に付け加えられる無関係な叙述については，判定に加味しない。

(9) 日常的知識

V 37　姓名

3歳前後になると，自我というものが形成されてくる。それに伴い，子どもは自分の名前や年齢が言えるようになる。例えば「ユックン」と自分の名前だけなら1歳後半から次第に言えるようになる。姓名（V 37）は，「マーチャン」とか「ユキ」といった名前だけでなく，姓と名前がともに答えられることを期待している。

判定基準を以下にあげる。
① 子ども自身の姓と名が同時に言える時合格とする。名前は呼び名でも良い。姓のみ，名前のみの答えは誤答とする。
② 母親や父親，その他の人の姓名を答えても合格としない。
③ 姓名以外を答える（年齢，組など）のは誤答とする。ただし，姓名を正しく答えた上で付け加えるのはよい。
④ 構音上の問題（置換，省略，歪み）は認める。
⑤ 養育者からの聴取では合格としない。

V 38　性の区別

性の区別（V 38）は，子どもが属する性を正しく答えられるかを調べる課題である。Gesellらは，楽しそうな調子で聞くことが大切であると述べている。しかし検査者が笑

ったりすると，わざと違った答えを言ったり，ふざけて反対に答えたりするので注意を要すると述べている。

以下に判定基準をあげる。
① 子どもが自分の性別を正しく言えること。
　　例　男の子－オトコ，オトコノコ，ボウヤ
　　　　女の子－オンナ，オンナノコ，ジョウチャン
② 反応がない場合には，手引き書の手順にしたがって再質問し，子どもが自分の性別を正しく識別していれば合格とする。
③ 性別以外の答えは，不合格であるが，正しく性別を答えた後に付け加えるのは不合格としない。
　　再質問例
　　　「オトコノコ，サンサイ，モモグミ」
　　　「ズボンハイテル」
　　　「ナガイカミシテル」
　　　「オトコトイレ（ベンジョ）」
　　　「オチンチンアル」
　　などの反応は手続きにしたがって再質問し，正答が得られない時は誤答とする。
④ 養育者からの聴取によって合格としない。

V 39　硬貨の名称　3/4

色の名称（V 40，41）と同じく，学習知識的な能力に加えて社会性の発達をみる一つの指標でもある。硬貨の提示方法は，表裏のいずれを上にしてもかまわない。

判定基準は，10円，100円，50円，1円硬貨を順（一列）にならべ，そのうち3種以上について正しく命名出来れば合格とする。この場合も構音上の置換，省略，歪みなどの問題は認める。検査用具にある，硬貨を置く台紙の上に硬貨を置いたまま提示しないように注意する必要がある。

「オカネ」と答えたり，硬貨の数字のみを「ジュウ」「ヒャク」「ゴジュウ」などと答えるのは誤答とする。数字の面が裏をむいている場合に子どもが硬貨を手にして調べ，数字を読んで（例，「ヒャクエン」）答えた場合には正答とする。「イチヒャクエン」も正答とする。子どもが自発的にする限り，硬貨を手に持ったり，裏返しても妨げない。

V 40　色の名称　3/4
V 41　色の名称　4/4

色名図版にある赤，黄，青，緑の4色の中から3色が自発的に正しく命名出来ればV 40を，4色全てに正しく命名したときV 40とV 41を合格とする（構音上の置換，歪み，省略などの問題は認める）。養育者からの聴取では合格と認めない。

正答例，再質問の例を表3-2にまとめて示す。再質問しても同じ答えを繰り返すならば誤答とする。

表 3-2 色の名称，正答，誤答，再質問

刺激	正　　答	誤　　答	再　質　問
赤	あか，レッド，あかいろ，こいあか	だいだい，ピンク，いろ	はっぱいろ，日の丸のいろ
黄	き，イエロー，きいろ	ちゃいろ	しんごうのいろ，はっぱいろ
青	あお，みずいろ，そらいろ，ブルー	みず，そら，みどり	みずのいろ，しんごうのいろ
緑	みどり，くさいろ，みどりいろ，グリーン	きあお，あお	しんごうのいろ，はっぱいろ，やまのいろ

V 42　日時　3/4

V 43　日時　4/4

　年についての質問は，元号の変更により西暦を中心にして，「今年は，何年ですか」「今年は，平成何年ですか」と問うことになった。曜日に日，日に曜日，年に学年等を答えた時は，それぞれ，もう一度質問を繰り返してみる。
　曜日と月は正確な答えのみを正答とする。
　日については該当日の前後3日ずつ，計7日の範囲の日を正答としている。その例を示すと，検査の実施日が15日の場合は，12. 13. 14. 15（該当日）. 16. 17. 18 の7日のどれかなら正答とする。
　年については「○年生」という誤答が多く，「2年」や「3年」という該当年の答えには注意がいる。その場合は「学年でなく」といい，年のところの質問を再度繰り返す。西暦の年数でも元号の年数でもよいので，「1991」や「2001」などの答えは正答とするが，「91」，「1」など「1900」や「2000」を省略した答えでは再質問をして西暦であることを言わない限り正答としない。
　何月何日何曜日と続けて言ってしまうのは，正答とせず，一つずつ独立して尋ねてみる。

(10) 筆　　記

V 44　書取

（材料）
　　「山の上に大きな木があります。」
　問題文の読み聞かせは1回しかしないので，教示の「さあ，言いますよ」と言った後，子どもの注意が検査者に向いているのを確認して，普通の調子で問題文を読む。読み終わったらただちに書かせる。ひらがなの"ま""の""う""き""す"などをそれぞれ"ｺ""⌒""ɔ""ƨ""ƨ"のように鏡映文字で書く子がいるが，誤字として許す。
　正答例：やまのうえにおおきなきがあります。
　　　　　山の上に大きな木があります。
　　　　　山のうえにおうきな木があります。

　　　　　　山の上におおきなきがあります。
　　　　　　山の上に大木な木があります。（〰〰は誤字）
　　誤答例：やまのうえにおきなきがあります。（"お"の脱落）
　　　　　　山の上に木があります。（"大きな"の脱落）
　　　　　　山の上に大きなきあります。（"が"の脱落）
　　　　　　山の上に大な木があります。（"き"の脱落）
　　　　　　山の上におおきなきいがあります。（"い"の付加，京都方言でよく生じる）
　　　　　　山の上には大きな木があります。（"は"の付加）
　　　　　　山の上に大きな木がありました。（"す"の変更）

（11）語　　彙

V 45　語彙　3語

　語彙3語（V 45）の判定基準は，具体的なものと対応して自発的に使用される単語が3個以上あることとなっている。子どもの持っている語彙が，検査中に観察できればよいが，出来ないときには，養育者，あるいは，保育者などに聴取する（単語をいくつ言えるかを尋ねるのでなく，使用している単語を具体的に尋ねて記録すること）。新K式検査の中で，この検査項目だけは聴取によって，有意味語が3語以上あれば合格とする。

　有意味語は，語音が2音節以上で，意味している内容が明らかである必要がある。1音節であっても，意味が明確であれば語としてカウントしてもよい（例，リンゴの"ゴ"）。自立語のみを語とし，付属語は語としない。

　以下に判定基準をまとめておく。
　① 接辞の付いた語も付かない語も同一のものとして扱う。
　② 「モッテクル」のような補助動詞が付く場合も1語と数える。
　③ 名詞＋スルは2語と数える。動詞＋ナイは1語とする。
　④ 自立語である形容詞のナイ（非存在を表す）は1語とする。
　⑤ 同じ語の繰り返しは1語とする（例，「マンマ，マンマ」）。
　⑥ オウム返しは語と数えない。
　⑦ テレビ，本，歌の題，コマーシャルのようなフレーズ，決まり文句は1語と数える。
　⑧ 数詞は，数唱の場合は全体で1語とする。また「モウヒトツ」「モウイッカイ」なども1語とする。
　⑨ 幼児語と成人語は指示内容が同一であれば1語と数える（例，「ブーブー」と「クルマ」）。
　⑩ 泣き声，笑い声は語としないが，擬音語，擬態語は事物，行動などを表示している場合は語とする。

　語彙3語（V 45）は，自発語が少なくとも3語あることを必要とするが，これは3語あれば，その子どもは表出言語を獲得していると考えてよいということである。特に養育者などから聴取する時，1語や2語では，言語を獲得しているといえるかどうか，不確かなので3語必要ということにしている。子どもの言語能力を調べる時，語彙数だけでなく，語彙の内容を調べることは，言語獲得のタイプや意味世界の広がりをみていく上においても重要である。表3-3は，小山（1994）が知的障害のある子ども30名を対

3-4 言語・社会領域の検査　111

表 3-3　健常児の語彙 3 語のサンプル (村井ら, 1988 より引用)

11 カ月		12 カ月		14 カ月		16 カ月		18 カ月	
マンマ	14	マンマ	31	マンマ	39	マンマ	26	マンマ	11
ブーン	6	ワンワン	12	ワンワン	19	ワンワン	19	ワンワン	6
ネンネ	5	ブーブー	10	ブーブー	16	ブーブー	14	ブーブー	6
ワンワン	4	アーチャン	8	ネンネ	8	ニャンニャン	9	アーチャン,チャーチャン	6
ポッポ	2	パパ	4	アーチャン,チャーチャン	6	アーチャン,チャーチャン	8	クック	5
パパ	2	ニャンニャン	4	コレ	6	ハイ	7	コレ	4
バイバイ	2	ネンネ	4	パパ	5	クック	6	バーチャン	3
		バイバイ	3	ニャンニャン	5	ネンネ	6	ジーチャン	3
		イヤ	2	ナイナイ	4	パパ	5	アッチ	3
				バイバイ	3	コレ	4	ニャンニャン	2
				ハイ	3	バイバイ	3	カチャ（かさ）	2
				クック	3	ジュース	3	トット, トト	2
				バーチャン	2	ヨイショ	3	ハイ	2
				ママ	2	オーイ	2	オイチイ	2
				ポッポ（はと）	2	ナイナイ	2	アカン	2
						アッチ	2	アレ	2
						メメ	2	ネンネ	2
						イター	2	イヤ	2
						ドーゾ	2		

＊表中の数値は人数を示す

表 3-4　知的障害のある子どもの語彙 3 語の内容

分類	語彙	頻度	分類	語彙	頻度	分類	語彙	頻度
人物	パーパ, パ	6	動物	ワンワン	11	家庭用具	デンワ	1
	ママ	2		ニャー, ニャオー	2	動作語	イコウ, コウ	2
	パパ	3		ニャンニャン	1		アッタ	1
	アーチャン	3		チッチ	1		アケテ	1
	オトーチャン・トーチャン	3	乗物	ブーブー	9		オチタ	1
	ジーチャン	2		バス, バ	3	擬音・擬態	ジャー	2
	ジ	1		デンデン	1		ビー	1
	バーバン	1		デンシャ	1	修飾語	アチチ	2
	チャーチャン	1		ポッポ	2		オイシ	1
指示・疑問	アッチ	4		トラック	1		ホシイ	1
	コレ	1		パトカー	1		イタイ	1
	ココ	1	身体衛生	アシ	1	動作・行動	ネンネ	5
挨拶・かけ声	ハイ	5		シッコ	1		ダ（ダッコ）	1
	バイバイ, バーバイ	3		シー	1		ナイナイ	1
	ヨイショ	3	食物	マンマ	16		ナイ	1
	イヤ, イヤイヤ	2		ジュース, ジュ	2		ポン	1
	バンザイ	1		ニューニュー	2		ポイ	1
	バー	1		バナナ	1	場所	チャイチャイ	1
	オーイ	1		ハム	1	服装	パンパ（パンパース）	1
	オカエリ	1		パン	1		クチュ	1

象に，語彙 3 語を獲得したときの内容を，村井（1970）の語の機能分類にしたがって分類したものである。知的障害のある子どもにおいても言語を獲得する初期の語彙の内容は，健常児のそれと大きな違いはなく，「マンマ」,「ブーブー」,「ワンワン」が多くなっている。また，挨拶，かけ声，動作語も比較的よく出現する。表 3-4 は語彙 3 語（V 45）を判定するにも参考になるであろう。

V 46　名詞列挙

(材料)
- (1)「鳥」
- (2)「果物」
- (3)「けもの，動物」

　鳥，果物，けもの・動物は，それぞれに属する固有名詞を答えた時正答と数え，普通名詞は正答とは数えない。鳥を例にすると，山や水辺に住む鳥を意味する，山鳥や水鳥は普通名詞であり正答とは数えないが，カラスやワシ，アヒルなどは固有名詞であり正答と数える。また架空のものは正答とは数えない。以下に正答と誤答の例をあげ，注意すべき点を簡単に説明する。

表 3–5　"名詞列挙"の反応例

小問題	正答例	注意点	誤答例
鳥	つる，すずめ，白鳥，カラス，ハト，にわとり，ひよこ，レグホン，ケンカドリ，等	オンドリ，メンドリ，オヤドリ等（「‥ドリ」を重ねるのは重複とし全体で1個と数える。）	ことり，ピーコ（飼っている鳥につけた名前），あおいとり
果物	りんご，みかん，夏みかん，オレンジ，ハッサク，レモン，ナシ，ビワ，モモ，イチジク，くり，かき，パイナップル，ぶどう，等	まくわ（うり），メロン，トマト，イチゴ等は本来は野菜だが果物のように食べられる習慣があるので正答とする。	うり，なすび，きゅうり等の野菜 干柿等の加工物
けもの・動物	うし，うま，しか，バンビ，オットセイ，くじら，ラッコ，イルカ等（人間以外の哺乳類）		とんぼ等の昆虫類 爬虫類 ゴジラ等の架空動物

V 46 b　60 語列挙

〔手続〕
　「今から，3分間にできるだけ違った沢山の言葉を，できるだけ速く言って貰います。同じ言葉を二度使ってはいけません。言葉は"椅子""雲""悲しい"など，どんな言葉でもよろしい。分りましたね。」
　「用意，始め。」
と言う。
　子どもの語彙を調べる課題である。教示でいう"ことば"は単語を意味している。それゆえ，子どもが答える"ことば"は名詞だけではなく，動詞や形容詞，形容動詞でもよい。ほかのことばと結合して用いられる"れる""られる"といった助動詞や"の"や"に"などの助詞は正答とは数えない。答えた数は30秒ごとに"正""〾"などの記号で記録していくとよい。3分以内に60語を超えれば，その時点で合格としてこの検査を打ちきってよい。文章や数列，人名を列挙する時は「別々のことばを言ってください」と注意をする。文章，数列，人名の列挙などはまとめて一つと数える。重複したことばは数えない。この課題は自由連想のような課題であり，どのような分野の単語が

出てくるか，その内容やテンポが，その子の関心や性格的特徴を知るのに参考になることがある。課題の性質上，名詞列挙と続けて実施しないように注意すること。

(12) 文章作成

V 47　三語一文　2/3

〔手続〕
「私が，これから3つの言葉を言います。あなたは，その3つの言葉を，みな使って，1つの短いお話にして下さい。」
「3つとも，みな1つのお話の中に，入れるのです。」
「では，3つの言葉をいいます。」
と言ってから，
<u>「子ども，ボール，川」</u>
「さあ，言ってごらんなさい。」
と問う。
続いて下線部を(2)，(3)の順に変えて，同一の手続きで質問する。
（材料）
　(1)「子ども，ボール，川」
　(2)「働く，お金，人」
　(3)「魚，川，海」

検査者から与えられた三つの言葉だけで，一つの文章を作るものと思い込む子どもがいる。子どもの様子から判断して必要な場合には，「三つの言葉のほかに，いくつかのことばと組み合せて，一つのお話にするのです」と説明する。三語の提示は一回しかしないので，三語を読みあげる時に，子どもの注意が検査者に集中して，ことばを聞ける状態になっているかを注意する。

三語をすべて使った一つの文章にするのが理想である。しかし，合理的な意味を持ち，文法的に正しい表現になっていれば二つの文章に分かれていても正答とする。三つ以上の文章に別れると正答としない。以下に具体的な例をあげる。

1) 材料(1)　子ども，ボール，川。
　正答例：「子どもがボールを川におとした」
　　　　　「子どもがボールで遊んでいた。そしたら川におちた」
　　　　　「子どもがボールを投げたらボールが川におちた」
　　　　　「子どもが川のそばでボールをついている」
　　　　　「ボールが川を流れているのを子どもが見つけた」
　　　　　「子どもがボールの皮をめくった。」（口頭発問なので川を皮と聞き取った例）
　誤答例：「子どもがいます。そしてボールも持っています。そして川に落ちました」
　　　　　（三つの文）
　　　　　「子どもやボールが川に一杯流れている」（内容の誤り）
　　　　　「ボールも川も子どもがいる」（内容の誤り）
　　　　　「子どもがボールで遊ぶ。ボールが川に落ちた」（二つの文を合理的に結ぶ接続詞がない）

2) 材料(2) 働く，お金，人。
　　正答例：「働く人はお金がもらえる」
　　　　　「人は働いてお金をもうける」
　　　　　「隣の人はよく働き，お金を一杯もっている」
　　　　　「人は働いてお金をもうける」
　　　　　「人は働く。そしてお金がもらえる」
　　誤答例：「働くとしんどい。お金を使う人」（文章として未完成）
　　　　　「働く人のお金」（文章として未完成）
　　　　　「人はお金が欲しい」（一語欠如）
　　　　　「人のお金は取ったらあかん」（一語欠如）

3) 材料(3) 魚，河，海。
　　正答例：「魚は河や海にいる」
　　　　　「河から海へいく魚がいる」
　　　　　「河で魚が釣れないので，海へ行きました」
　　誤答例：「魚がいます。河にいます。海にいます」（三つの文）
　　　　　「魚が河や海や野原にいます」（内容の誤り）
　　　　　「魚は河にいく」（一語欠如）

| V 47 b | 文章整理 | 1/2 |
| V 47 c | 文章整理 | 2/2 |

　子どもが反応の途中でしばらく沈黙したり，言いなおしたりすることがよくあるが，制限時間内は急がせないで待ってやる。書いてあることばを，子どもが何回も読み直して，どこから始まってどこで終わったのか分からない時は，「もう一度，初めから言ってちょうだい」と確かめればよい。"宿題"の意味が分らない子には，その意味を説明してもよい。これらの手続きを経ても，時間内に正答が出来ない時，小問題(1)は誤答とする。その後，小問題(1)の正答を指で文字を押さえながら読んでやってから，小問題(2)に移る。2試行中，1問正答の時はV 47 bを合格に，2問とも正答の時はV 47 cも合格とする。

小問題1)（材料）(1)　ました　あさはやく　われわれは　いなかへ　たち
　　正答例：われわれは，朝早く，田舎へ，立ち，ました。
　　　　　われわれは，田舎へ，朝早く，立ち，ました。
　　　　　朝早く，われわれは，田舎へ，立ち，ました。
　　　　　田舎へ，われわれは，朝早く，立ち，ました。
　　誤答例：朝早く，われわれ，たち，田舎へ，ました。
　　　　　われわれは，たちは，朝早く，田舎へ，いきました。
　　　　　その他，全く意味不明のもの。

小問題2)（材料）(2)　たのみ　しゅくだいを　わたくしは　ました
　　　　　　　　　せんせいに　なおして　くださるように
　　正答例：私は，先生に，宿題を，なおして，くださるように，たのみました。
　　　　　私は，宿題を，なおして，くださるように，先生に，たのみました。
　　　　　私は，宿題を，先生に，なおして，くださるように，たのみました。
　　　　　先生に，私は，宿題を，なおして，くださるように，たのみました。

　　　　　　宿題を，私は，先生に，なおして，くださるように，たのみました。
誤答例：宿題を，先生に，なおして，くださるように，私は，たのみました。
　　　　私は，宿題を，くださるように，先生に，なおして，たのみました。
　　　　私は，宿題を，くださるように，なおして，先生に，たのみました。
　　　　私は，先生に，なおして，くださるように，宿題を，たのみました。
　　　　その他，全く意味不明のもの。

(13) 了　　解

V 48	了解Ⅰ	2/3	V 50　了解Ⅲ　2/3
V 49	了解Ⅱ	2/3	

V 48　了解Ⅰ　2/3
〔手続〕
「これから私が言うことをよく聞いておいて，あなたのしようと思う通りに答えなさい。」
と確認してから，
(1) 「お腹の空いたときには，どうしたらよいでしょうか（または，どうしますか）。」
　　と問う。
以下，続いて(2)，(3)と問う。
(2) 「眠たいときには，どうしたらよろしいか（または，どうしますか）。」
(3) 「寒いときには，どうしたらよろしいか（または，どうしますか）。」

V 49　了解Ⅱ　2/3
〔手続〕
「これから私が一つ問題を出しますから，よく聞いておいて，答えて下さい。」
と言ってから，
(1) 「もしもあなたが，学校（または幼稚園，保育園）へ出かけるときに雨が降っていたら，あなたはどうしますか。」
　　と問う。
以下(2)，(3)の順に質問する。
(2) 「もしも，あなたの家が，火事で燃えているのをあなたが見つけたら，あなたはどうしますか。」
(3) 「もしも，あなたが，どこかへ行こうとして，バスに乗り遅れたら，あなたは，どうしますか。」

V 50　了解Ⅲ　2/3
〔手続〕
「これから私が一つ問題を出しますから，よく聞いておいて答えて下さい。」
と言ってから，
(1) 「もしも，あなたが何か友達のものを壊したとき，あなたはどうしますか。」
　　と問う。

以下(2), (3)の順に質問する。
(2)「もしも，あなたが学校へ行く途中で，遅刻するかも知れないと気がついたときに，あなたはどうしますか。」
(3)「もしも，あなたのお友達が，うっかりして，あなたの足をふんだときに，あなたは，どうしますか。」

了解問題（V 48～50）の判定基準は，子どもの反応が，質問された事態における適切な解決方法を述べた時に正答とする。具体例は，以下に詳しく述べるが，正答では正しい解決方法を文章の形で述べることを期待している。ただ，単語一語の解答も動作を述べる時には，日本語の習慣として文章と認める。名詞一語は文章と認めない。

了解問題Ⅰ，Ⅱ，Ⅲについては，標準化資料と別に896名の検査結果に基づいて詳しい分析を行った（中瀬，1988）ので，結果を簡単に紹介し参考に資するが，詳細については直接文献を参照してほしい。

新K式検査の言語検査問題は，子どもの反応を，ことばの内容と形式に分けて採点している。了解問題には三つの検査項目があり，それぞれが想定している対象年齢が異なる。それゆえ，正答とする内容と形式について，適切さの基準は検査項目によって異なる。参考のため了解問題については，項目名の後に，その検査項目の50% 通過年齢を表示した。

以下，採点の基準を項目に分けて説明し，具体的な解答例を正答・誤答・再質問の必要な答えに分けて表 3–6 にまとめて示した。

V 48　了解Ⅰ　2/3（50% 通過年齢　3 : 1）

この検査項目は 3 歳児を検査対象年齢と想定しているから，名詞 1 語による答えも内容が正しければ正答と認める。解答の内容は，質問事態を根本的に解決する方法でなければならない。一時凌ぎの解決方法は，再質問して，子どもがそれを一時凌ぎであることを理解していれば正答とする。再質問が正答への誘導にならないよう十分注意する必要がある。

この検査項目の対象年齢の子どもは，連想的にたくさんの単語をならべたり，質問をきっかけに勝手なお話しを始めることがある。このような反応の中で，正答とする名詞一語がたまたま含まれるような時，正答と判定してはいけない。質問に答えるという，課題に対する態度が十分形成されているとは言いがたいからである。

1）空腹

「食べる」のように動作で答えるだけでなく，「御飯」のように名詞一語の答えも正答と認める。「おやつを食べる」などの反応は，それが食事までの一時凌ぎであることが理解されていなければ正答としない。また，気持ちを紛らすための答えも，紛らわす行為であることが理解されていないと正答としない。このような解答に対しては，再質問して，食事まで我慢するための，一時凌ぎの手段であることが理解されていた時には正答と判定してよい。「お母さんに言う」などの答えに対しては，告げてどうして貰うのか正しく理解していれば正答とする。

再質問は，「どうしてそうするの」「言ってどうするの」などのように，質問が正答の誘導にならないよう，十分注意する必要がある。「言ってどうしてもらうの」などと質問してはいけない。

2）睡眠

「寝る」のように動作で答えるだけでなく，「ねんね」のような幼児語，「お布団」「ベ

ッド」などの名詞一語の答えも正答とする。目を覚ますための動作などは，再質問して正規の睡眠時間まで寝ないための努力であることを自覚していれば正答としてよい。例えば，「縄跳びするの」と答えたとき，再質問は，「どうして（または，何故）縄跳びするの」と尋ねる。それより具体的に尋ねたり，詳しく質問してはいけない。

3）寒さ

「着る」「暖まる」など動作を答えるだけでなく，「ストーブ」のような名詞一語の答えも正答とする。再質問の例として，「運動する」と答えた時は，「どうして（または，何故）ですか」と再質問して，運動をすると身体が暖まると正しく理解していたとき正答とする。

V 49　了解Ⅱ　2/3（50％通過年齢　4：1）

この検査項目では，原則として正しい文章で答えるか，一語であれば動詞での解答を要求している。小問題1（降雨）に対する答えの「傘」は，検査項目が対象とする年齢の子どもたちにとって非常に多く出現する解答であるため，例外として正答と認める。了解Ⅱでは質問を日常的な状況として理解し，日常行っている行動を答えることを期待している。

了解Ⅰでは正答と認めた，名詞一語による答えは，内容が正しいと判断された時には，再質問の対象とする。再質問が正答の誘導とならないように注意するのは，了解Ⅰと同様である。小問題に対する具体的な解答例と判定基準は，表3-6に記載した。

小問題3（乗り遅れ）は，子どもの日常的経験での解答を求めている。しかし，子どもの生活環境によって日常とられている解決方法は異なる。再質問して，日常的な方法

表 3-6　了解問題一覧表

項　目		正答（合格）	再質問	誤答（不合格）
了解Ⅰ	空　腹	食べる，御飯食べる 御飯を食べる	おやつ食べる，おやつを食べる ジュース飲む，お母さんに言う 作ってもらう	我慢する，わからない
	睡　眠	寝る，○○して寝る	目をつぶる，縄飛びする	我慢する，わからない
	寒　さ	着る，暖まる，服を着る ストーブで暖まる	運動する	我慢する，わからない
了解Ⅱ	降　雨	傘 傘さして行く 傘○○する		わからない
	火　事	消す，水で消す お母さんに知らせる 電話する，逃げる		わからない
	乗遅れ	待つ，次のバスを待つ	タクシーで行く，車で行く	帰る
了解Ⅲ	破　壊	謝る，直す，弁償する		
	遅　刻	急ぐ	車で送ってもらう 叱られる，そのまま行く	あきらめる
	足　踏	許してあげる 我慢する		もうせんといてと言う※ 踏み返す，殴る，泣く

（注）○○は，任意の言葉でよい。
　　※　以後しないで下さいの意味（京ことば）

であると判断されるときは広く正答と判定してよい。

V 50　了解Ⅲ　2/3（50％通過年齢　5：4）

　この検査項目では，名詞一語の答えは正当と認めないが，内容が正しいときには再質問の対象としてよい。この検査の目的は本来，日常的な行動を尋ねているのではなく，課題事態ではどのように振舞うべきか状況の理解内容を質問している。

　小問題2（遅刻）は，子どもの直接経験を質問するための検査項目ではない。未就学児には，「大きくなったら学校へ行くでしょう。その時……」のように未来の仮定の出来事として想像して答えることを求めている。しかし，近年の交通事情のため複雑な解答が増加した。筆者が経験してそのまま正答と判定した答えに「急いだら危ないので遅刻してもゆっくり来なさいて，先生がゆわはった（来なさいと先生がおっしゃったの京都方言）」がある。再質問して，それが，日常生活の中での合理的判断として理解されていれば正答とするべきだろう。

　余談ではあるが，今回の標準化資料では，小問題1に「謝罪する」が増加し，小問題3に「許す」との答えが減少していた。両問題を合わせて考えると，自分に責任がある時には，弁償ではなく謝るだけで，相手に責任がある時には許さずに攻撃することになる。最近の社会の風潮を反映しているようで興味深い。

　小問題3（足踏）では，自分が踏んだと思い違いする答えが多い。再質問で踏まれた立場であることを十分説明する必要がある。

(14) 語の理解

V 51　語の定義　4/6

（材料）
　　(1)　机　　(2)　鉛筆　　(3)　ストーブ
　　(4)　電車　(5)　馬　　　(6)　人形

　語の定義は，その語の内容を知っているかどうかを調べるのではなく，知っていることについて，どのように説明するかをみる課題である。

　正答基準は，手引きによれば"適切な内容について，十分な表現をした場合"と簡潔に述べられ，次のように補足されている。

1) 適切な内容
　　①　類概念
　　②　主要な用途
2) 不十分な内容
　　　主要な属性（全体の形状・材質など）
3) 適切な表現
　　　最低限文になること（例　勉強する）
4) 不十分な表現
　　　単語のみ（例　勉強）

　適切な内容で，かつ，適切な表現であればすべて合格である。不十分な内容，あるいは不十分な表現の場合は一定の条件を満たす場合のみ合格とする。以上の事柄を，机の場合を例にして表3-7にまとめて示すと次のようになる。

3-4 言語・社会領域の検査　119

表 3-7 「語の定義」の正答基準

内　容		机についての説明	表現内容と正答基準
類　概　念		家具	単語のみでも合格 同語反復（例　デスク）は再質問
用途	主要なもの	勉強する，食事する，仕事する	単語のみ（例　勉強）の場合は再質問
	主要でないもの	字（絵）かく	単語のみ（例　絵）は不合格
属性	主要なもの	木で作ってある，脚がついている	2個以上で合格，単語のみは不合格
	周辺的なもの	大きい，四角い，板みたいの	不合格
その他		「何かする」「台」「椅子」「家にある」その他身振りで説明したり，机を指差したりする	判断に迷う反応については机の場合のみ再質問し正答基準を満たせば合格

　判断を迷う反応については，「机」の場合についてのみ，「もっとちゃんといってごらんなさい」「もっと他にいい方はありませんか」と問い，適切な内容で，かつ，適切な表現が与えられれば合格とする。表 3-7 のその他の欄の「椅子」以外の反応については一応再質問して確かめてみるのがよいであろう。

表 3-8 「語の定義」反応例一覧

反応内容		机	鉛筆	ストーブ	電車	馬	人形
類（上位）概念		家具	筆記用具 文房具	暖房具	乗りもの	動物	遊具（おもちゃ） 装飾品
用途	主要	勉強する（もの，もん*） 本読みする（ところ） ごはんたべる お弁当たべる 仕事する 何か書いたりする 何か入れたりする 何かおく	勉強する（もの，もん） 絵かく 字かく かくもの	あたるもの 寒いときつける（する，やる） 冬つかう 部屋あたためる 手あたる	どっか行くときのる のるもの 人を運ぶ 人いっぱいのせて走る	人がのる 荷物をひっぱる けいばで走る けいばする 荷物をはこぶ （のせる）	遊ぶもの かざったりする だっこする ままごとする おんぶする 人形ごっこのときつかう
	付属	字かく 絵かく 茶のむ		パンを焼く お湯わかす		人がひいて歩く	かわいがるもの すわらせる おいておく
属性 全体の形状・材質など	主要	木で作ってある 脚4本ある	芯ある けずるもの 細長い 先がとがっている	あったかいもの つけたり消したりする 火つけるもの 火入れる	電気で走る 線路を走る	脚が4本ある パカパカ走る 生きもの 走るの早い	小さい かわいい きれい 人の形をしている
	周辺	大きい 四角い 板みたいの かね 脚（棒）がある	まるい 長い 木	丸い 四角い	大きい 窓ある 早い 車ついている	茶色 顔（目，耳）ある 早い パカパカ ヒヒン	顔（手，足）ある
その他		デスク 台 椅子 何かする 身振りで説明したり机を指差す	ペン 色鉛筆 家にある もつもの つかうもの	暖かくなる	阪急電車（等） お使いにいく よそいく のりたい	動物園にいる	ひな人形 五月人形 赤ちゃん

＊「もん」はものの京都方言

次に V 51（語の定義）の反応例を一覧表によって示す（表 3-8）。

机の問題に対して「デスク」のような，同じ意味の語への言い換え（同義反復）には再質問するが，鉛筆に対して「ペン」，電車に対して「阪急電車」とするように，並列概念や下位概念を与えたり，具体例を挙げる場合は不合格とする。また，用途の中には，ストーブについて「パンを焼く」「お湯をわかす」などのように主要な用途といえない場合も少なくないが，子どもの日常生活のなかで習慣的になされている行為の一つと考えられる場合は合格とする。

V 52　語の差異　2/3

（材料）
(1)「卵と石」
(2)「蝶と蝿」
(3)「木の板とガラス」

この課題では，差異を現わす正しい基準例とともに，正答・疑問の答え・誤答の例を表 3-9 に示す。疑問の答えの時には，「もっと他にありませんか」と再質問をする。再質問の後，正答例にあげたような内容の答えが出れば正答とする。

表 3-9 「語の差異」の反応例

小問題		卵と石	蝶と蝿	木の板とガラス
差異を表す基準の例		硬さ，もろさ，形，内容物，食の可否，軽重，発生状況，等	大きさ，色，飛び方，清潔さ，美しさ，衛生面，とまる場所，羽根の違い，等	強度，われ方，色，透明度，危険性，反射，可燃性，釘の使用，等
正答	並　　列	卵はわれやすいが，石はわれにくい	蝶は白い，蝿は黒い	ガラスは外が見える，板は見えない
正答	比　　較	卵は石よりわれやすい	蝶は蝿より大きい	板はガラスより丈夫
	一方否定	石は食べられない	蝿は羽根に粉がついてない	ガラスは釘がうてない
	基準一方叙述	硬さがちがう，石は硬い	羽根の大きさがちがう，蝶の羽根が大きい	燃え方がちがう，板はよく燃える
疑問	一方叙述	石は硬い	蝶は大きい	ガラス踏んだら危ない
	基準叙述	硬さがちがう	飛び方がちがう	われかたがちがう
	基準不適切	卵は落とすとわれる，石は置いといてもいい	蝶はいい，蝿は悪い	ガラス踏めない，板踏める
誤答	基準不一致	卵はにわとりがうむ，石硬い	蝶は蜜すう，蝿は悪いことする	板硬い，ガラス見える
	基準の誤り	卵は美しい，石は美しくない	蝶は重い，蝿は軽い	板は大きい，ガラスは小さい
	事実誤認	石の方が大きい	蝶は羽根開く，蝿は羽根開かない	板黒い，ガラス白い

V 53　語の類似　2/3

（材料）
(1)　「舟と自動車」
(2)　「鉄と銀」
(3)　「茶碗と皿」

　この問題は，語の差異（V 52）と近接して検査をすることが多く，子どもは先の課題と混同して相違点を答えることがよくある．小問題(1)"舟と自動車"で類似点でなく相違点を答えた場合は，(1)を誤答とするが，再度教示を繰り返し，類似点を求めている事を強調してから次の小問題(2)"鉄と銀"に移る．表3-10に正答・疑問の答え・誤答の例を示す．疑問の答えのような場合は，「もっと他には似た所がありませんか」「もっと他に言い方はありませんか」と再質問をしてよい．

表3-10　「語の類似」の反応例

内　容		舟と自動車	鉄と銀	茶碗と皿
正答	類概念	乗物	金属　鉱物　かね	食器　陶器　せともの
	用　途	舟も自動車も動く　人を乗せる　どっちも走る　荷物積む　運転する	入れ物につかう　固いもの作れる	食物入れる　食べる時使う
	共通の属性	金属でできてる　機械がある	どちらも重い　光るところ　堅い	落とすとわれる
疑問	一方叙述	舟に舵ある　自動車にはハンドルある	鉄は光る　鉄は銀色	茶碗はご飯を入れる
	属性不十分	自動車は走る舟はいく	同じ色	下のもつとこ　光る
	用途不十分	自動車の荷物と舟が一緒	ものにつける	入れる　食べる　のせる
誤答	基準叙述	形　色　大きさ　横がにてる椅子がある　屋根がある　黒いところ	形　赤いとこ	色　形　大きさ
	基準不適切	舟は木で作る自動車は金で作る	銀はおかねで鉄は棒	お茶碗はわれる　お皿は釜や
	事実誤認	スクリューがにてる	鉄の方が軽い　ふたつともうすい	ごはんたく
	関連語	バス　大きい	鉄棒	はし　おやつ

V 54　3語類似　2/4
V 55　3語類似　3/4

（材料）
(1)　蛇・牛・雀
(2)　本・先生・新聞
(3)　ナイフ・鍵・針金
(4)　朝顔・芋・樹木

　3つの単語を与え，それらが属している類概念を問う課題である．被験者の答えは，

文の形で表現しなくても，適切な単語を用いている場合は正答とする。表 3-11 に反応例を示す。

表 3-11 「3 語類似」の反応例

小問題		蛇・牛・雀	本・先生・新聞	ナイフ・鍵・針金	朝顔・芋・樹木
正答	類 概 念	動物　生き物	物を教わる材料	金属製　みんな金属	植物
	共通の属　　性	陸に住んでいる からだに血がある 口や眼がある 呼吸する 動き回る	勉強を教えます 人はそれから物を習う 知識をえるもの	固いもの 鉱物から作られている	根や葉がある 土に植えて育てる 土にはえてる
誤答	事実誤認	3匹とも足がある 米や麦を食べる	皆書いたものです 印刷してある	まげるもの 開けるときに使う	みんな実ができる 枝がある　山で育つ
	基　準不適切	雀は飛ぶ牛と蛇は歩く	先生は本も新聞も読む	ナイフと鍵は入れる針金はまく	朝顔は木につく
	基準叙述	動き方が同じ 歩き方がにてる	聞くとこが同じ 字がある	細さが同じ 長いところがにてる	色がにてる 同じはえ方してる

```
V 56  反対語  3/5
V 57  反対語  4/5
```

(材料)
(1) 暖かい―涼しい
(2) 高い―安い
(3) 南―北
(4) 甘い―辛い
(5) 嬉しい―悲しい

ある1つの尺度（次元）の上で，正反対の意味を持つ2つの単語を与えて，その2つの単語が属している尺度（次元）を説明させる課題である。被検者の答えが，適切な単語を用いている場合は，文の形で表現しなくても正答とする。各小問題の反応例を表3-12に示す。

表 3-12 「反対語」の反応例

小問題	正　　答	誤　　答
暖かいと涼しい	気温　身体に感じる温度 気候の状態をいう	体温計　暑いと寒い 湯と水　夏と冬
高いと安い	値段　価格　売値	お金のこと　品物 割引すること
南と北	方向　方角 位置や場所を表す	東西　家の方
甘いと辛い	味覚　味のこと 舌で感じる味	カレー　苦い 砂糖とからし
嬉しいと悲しい	感情　情緒　人の気持ち 気持ちの状態をいう	笑いと泣く 嬉しい人と悲しい人がいる

引用文献

Binet, A., & Simon, Th. 1908 Le developpement de d' intelligence chez les enfants. *L'année Psychologique*, **14**, 1-94. (なお，翻訳は次の Kite を参照。Kite, E. S. 1916 *The development of intelligence in children.* Williams & Wilkins Company, Baltimore, 1973, Arno Press から再版)

Gesell, A. Halverson, H. M., Thompson, H., Ilg, F. L., Castner, B. M., Ames, L. B. & Amatruda, C. S. 1940 *The first years of life.* New York : Harper & Brothers.

Gesell, A., & Thompson, H. 1938 *The psychology of early growth including norms of infant behavior and an method of gemetic analysis.* Macmilan

Fants, R. L. 1961　内田　伸子・臼井　博・藤崎春代訳　1991　乳幼児の心理学
　　有斐閣（内田伸子担当　世界認識の形成の開始）

生澤雅夫(編)　1996　新版 K 式発達検査をめぐる質疑応答　発達療育研究　6 別冊

秦野悦子　1983　指さし行動の発達的意義　教育心理学研究，**31**（25），5-264.

小山　正　1989　精神発達に遅れを示す子供の言語獲得期の諸問題 － 象徴機能の発達を中心に －
　　音声言語医学，**30**, 151-166.

小山　正　1994　精神発達遅滞児における初期言語発達（Ⅰ）－ 初語の内容 －
　　愛知教育大学研究報告，第 43 輯（教育科学），169-175.

Langlois, J. H., Ritter, J. M., Roggman, L. A., & Vaughn, L. S., 1991 Facial Diversity and Infant Preferences for Attractive Faces. *Developmental Psychology*, **27**（1）79-84.

三宅なおみ　1982　文化・社会の中での学習
　　波多野誼余夫（編）認知心理学講座 4　学習と発達　東京大学出版会

村井潤一　1970　言語機能の形成と発達　風間書房

村井潤一・鈴岡昌宏・土居道栄・井上智義・引野明子　1988
　　乳幼児の言語・行動発達の機能連関的研究（11）－ 発語サンプルの分析を中心に －
　　日本教育心理学会第 30 回総会発表論文集，Pp. 212-213.

中瀬　惇　1985　新版 K 式発達検査の項目「絵の叙述」：図版の変更と反応内容の分析
　　京都府立大学，人文，**37**, 139～173.

中瀬　惇　1986　新版 K 式発達検査の項目「財布探し」：横断的資料による反応の発達的分析
　　京都府立大学，人文，**38**, 103～148.

中瀬　惇　1988　新版 K 式発達検査の項目「了解」：横断的資料による反応の発達的分析
　　京都府立大学，人文，**40**, 125～153.

中瀬　惇　1990　新版 K 式発達検査の項目「数の復唱」：（その 1）個別法による幼児の検査結果
　　京都府立大学，人文，**42**, 161～197.

中瀬　惇・嶋津峯真・生澤雅夫・松下　裕　1981　「新版 K 式発達検査の標準化」（その 3）検査項目
　　日本心理学会第 45 回大会発表論文集（日本女子大学），p. 421.

ピアジェ，J.・インヘルダー，B. 1965
　　滝沢武久・銀林　浩(訳)　量の発達心理学　国土社　Pp. 277-307.

田中寿美子　1995　就学前児童における美の判断の発達　神戸学院大学人文学部卒業論文

Thorndike, R. L., Hagen, E. P., & Sattler, J. M., 1986 *The Stanford-Binet Intelligence Scale : Fourth Edition. Technical Manual.* The Riverside Publishing Company.

Užgiris, I. Č., & Hunt, J. M. 1975 *Assessment in Infancy : Ordinal scales of psychological development.* University of Illinois Press.

引用文献

1）検査用具・検査用紙

　　新版 K 式発達検査　検査用具・検査用紙　京都国際社会福祉センター　075-612-1506

2）検査実施手引書

　　新版 K 式発達検査　実施手引書　京都国際社会福祉センター　075-612-1506

3）検査解説書

　　新版 K 式発達検査法 – 発達検査の考え方と使い方 –　ナカニシヤ出版　075-723-0111

人名・事項索引

あ行

人名

生澤雅夫　94
ウズギリス（Uzgiris, I. Č.）　39

事項

eye pointing　104
足　31
色の名称　95
ATNR 反射　xiii
遠地点　21
拇指側　xii, 19

か行

人名

ゲゼル（Gesell, A. L.）　2, 9, 107
小山　正　103, 110

事項

階段　34
概念化　104
概念操作　38, 100
外反足　33
学習不能　85
課題場面　6
鐘　20
　——鳴らし　12
構え　40
ガラガラ　11
関係概念　94
記憶力　85
利手　18, 39
仰臥位（supine）　xiii, 7
　——姿勢　8
緊張性頸反射（tonic neck reflex）　xii
　対称性の——（symmetrical tonic neck reflex）　xiii
　非対称性の——（asymmetrical tonic neck reflex）　xiii
首の座り　14
系列　45
　——化　41
　——概念　94
Gestalt　95
言語・社会（Language Social）　90
言語領域　90

5 以下の加算　98
構音　107, 108
構音能力　104
交視　55
巧緻性　47
語の定義　102
小指側　xii

さ行

人名

シモン（Simon, T.）　105
ソーンダイク（Thorndike, R. L.）　94

事項

座位　13, 15
3 個のコップ　39, 85
次元　93
矢状面（sagittal plane）　xi
姿勢・運動（Postural Motor）　33
自動車　21
弱手　16
尺側（ulnar）　xii
自由姿勢の検査　27
　——項目　7
手掌の観察　9
上限年齢　1
小鈴　18
　——と瓶　19
身体各部指示　104
身体図式　95
数の集合　97
数の保存　97
制限時間　46
正中面（median line）　xi
0 歳児の検査　7
選好性（preference）　94
尖足　33
　——位　23
属性　121, 122

た行

人名

田中寿美子　95

126　人名・事項索引

事項
第1の積木　15
第3の積木　16
対人関係　29
第2の積木　16
体側　22
知的関心　88
注意の持続　55
中間的な反応　2
注視　28
対概念　94
　——的　94
追視　21, 28
　——能力　39
包み込む　39
爪先歩き　33
爪先立ち　23
積木とコップ　17
積木の塔　17
積木の連続提示　15
釣銭　97
吊り輪　10
提示定規　44
手差し　103
手伸ばし　103
統覚（apperception）　94
橈側（radial）　xii

な行
人名
中瀬　惇　29, 48, 90, 105, 116

事項
内言　98
内反足　33
慣れ　5
2個のコップ　39
二重プラス　30
日齢計算表　xvii
認知・適応（Cognitive Adaptive）　36
認知発達　94
寝返り　12

は行
人名
秦野悦子　101
ピアジェ（Piaget, J.）　45
ビネー（Binet, A.）　2, 94, 105
ビューラー（Bühler, K.）　2
ファンツ（Fantz, R. L.）　94

事項
這い這い　xv
　ずり這い（creeping）　xv
　高這い　xv
　——の姿勢　26
　腹這い（crawling）　xv
　四つ這い（crawling）　xv
はめ板　22
比較　93
引き起し　13, 29
一人遊び　31
美的感情　94
美の比較　94, 102
紐付き輪　20
描画　22
　——用紙　22
伏臥位（prone）　xiv
　——懸垂　xiv
腹臥位　xiv
フランクフルト水平面（Frankfurt Ebene）　xii

ま行
人名
三宅なおみ　98
村井潤一　111

事項
身振り　105
無試行合格　30, 95
物の永続性　39, 55

や行
事項
山積木　17
優位な手　18
指差し行動　101
幼児語　104

ら行
人名
ラングロワ（Langlois, J. H.）　94

事項
立位　22
類概念　94
類概念的　94
練習試行　46, 85

検査項目名索引

(検査項目を解説したページをゴシック体で，本文解説の中でその検査項目に言及したページを明朝体で記載した)

I（座位の検査項目，sitting）
I 1　頭が遅れない　**13**, 29
I 2　頭を上げる　**13**, 29
I 3　頭を垂れる　**14**
I 4　頭を起す　**14**
I 5　頭を前傾　不安定　**14**
I 6　頭を前傾　安定　**14**
I 7　頭を直立　安定　**14**
I 8　手をつき座る　**14**
I 9　座位　3 秒　**14**
I 10　座位　1 分　**14**
I 11　座位　10 分　**14**
I 12　座位　完全　**14**
I 13　身体を起こす　**14**
I 14　腹臥になる　**14–15**
I 15　方向転換　**14–15**

M（自由姿勢の検査項目，miscellaneous）
M 1　顔を注視　**7–8**, 28
M 2　微笑　**7–8**, 28
M 3　人の追視　12, **28**
M 4　声の方を向く　**7–8**, 28
M 5　刺激に発声　**29**
M 6　微笑みかけ　**7–8, 28–29**
M 7　引き起こし　喜ぶ　**29**
M 8　中断で不機嫌　**29**
M 9　「イナイイナイバー」　9, **29**
M 10　声をかける　**29**
M 11　人見知り　**29**
M 12　「バイ・バイ」　**29–30**
M 13　「名前」に反応　**29–30**
M 14　「メンメ」　**29–30**
M 15　指さしに反応　18, **29–30**
M 16　「チョウダイ」渡さぬ　17, 18, **29–30**
M 17　「チョウダイ」渡す　17, 18, **29–30**
M 18　手を見る　9, **31**
M 19　顔を覆う　9, **31**
M 20　足をいじる　12, **31**
M 21　足を口へ　12, **31**
M 22　払い落とす　**32**
M 23　取ろうとする　**31–32**
M 24　喃語　**29**

M 25　自像に注視　**27**
M 26　自像に発声　**27**
M 27　自像に触る　**27**, 28
M 28　ボールを押し付ける　**27**, 28
M 29　検者とボール遊び　**27**, 28

P（非言語性の検査項目，performance）
P 1　交互に注視　**15**
P 2　片手に保持　3 秒程度　**15**
P 3　口に運ぶ　**15**
P 4　掌把握　**15**
P 5　拇指先把握　**15**
P 6　落しても拾う　**15**
P 7　持ちかえ　**15–16**
P 8　両手に保持　3 秒　**16**
P 9　両手に保持　10 秒　**16**
P 10　第 3 提示　落さぬ　**16**
P 11　第 2 積木を叩く　**16**
P 12　積木と積木　**16–17**
P 13　片手に 2 個保持　**16–17**
P 14　積木を置く　**16**
P 15　触れるとつかむ　**17**
P 16　空いた手を伸ばす　**17**
P 17　両手に持つ　**17**
P 18　順に遊ぶ　**17**
P 19　積もうとする　**17**
P 20　積木の塔　2　**36**
P 21　積木の塔　3　**36**
P 22　積木の塔　5　**36**
P 23　積木の塔　6　**36**
P 24　積木の塔　8　**36**
P 25　トラックの模倣　**36–37**
P 26　家の模倣　**37**
P 27　門の模倣　例後　**37–38**
P 28　門の模倣　例前　**37–38**
P 29　階段の再生　**38**
P 30　コップを見る　**17**
P 31　コップに触る　**17**
P 32　中の積木に触れる　**17**
P 33　中の積木を出す　**17**
P 34　コップの上に示す　**18**
P 35　コップに入れる　例後　**17**

P 36	コップに入れる 例前 17		P 95 b・c	記憶玉つなぎ 1/2, 2/2 47
P 37	注視する 18-19		P 96	財布探し I 47-48
P 38	熊手状かき寄せ 18-19		P 96 b	財布探し II 47-48
P 39	拇指側かき寄せ 18-19		P 97	2個のコップ 2/3 55
P 40	鋏状把握 試みる 18-19		P 98	3個のコップ 2/3 55
P 41	持ち上げる 18-19		P 99	なぐり描き 例後 22, 56
P 42	鋏状把握 18-19		P 100	なぐり描き 例前 22, 56
P 43	釘抜状把握 不完全 18-19		P 101	円錯画 模倣 58-62
P 44	釘抜状把握 18-19		P 102	横線模倣 1/3 62-63
P 45	示指を近付ける 18-19		P 103	縦線模倣 1/3 64-65
P 46	瓶に手を出す 19		P 104	円模写 1/3 66-70
P 47	小鈴に手を出す 19-20		P 105, 106	十字模写 例後・例前 1/3 71-73
P 48	小鈴を取る 19-20		P 107	正方形模写 1/3 74-75
P 49	入れようとする 19-20		P 108	三角形模写 1/3 76-79
P 50	瓶に入れる 例後 19-20		P 109	菱形模写 2/3 80-83
P 51	瓶に入れる 例前 19-20		P 110-112	人物完成 3/9, 6/9, 8/9 83-84
P 52	瓶から出す 19-20		P 113	記憶板 2/3 85
P 53	机に打ち付ける 20		P 114-114 c	図形記憶 1/2, 1.5/2, 2/2 85-87
P 54	柄を持つ 20		P 115-119	積木叩き 2/12, 3/12, 4/12, 5/12, 6/12,
P 55	柄先から持つ 20			7/12, 8/12, 9/12, 10/12 87
P 56	振り鳴らす 20		P 124	帰納紙切 87-88
P 57	鐘舌に触れる 20		P 125	紙切 I 88
P 58	輪へ伸ばす 20-21		P 126	紙切 II 88
P 59	とにかく引き寄せる 20-21		P 127	三角形置換 89
P 60	輪と紐で遊ぶ 20-21			
P 61	すぐ輪を引き寄せる 20-21		**R**（腹臥位の検査項目，prone）	
P 62	紐で下げる 20-21		R 1	頭が垂れる 25
P 63	部分隠し 21		R 2	頭を水平 25
P 64	全体隠し 21		R 3	頭が側転 25, 26
P 65	包み込む 21, 39		R 4	頭が下向き 25, 26
P 66	玩具（車）の追視 21		R 5	頭上げ 領域 I 25, 26
P 67	予期的追視 39		R 6	頭上げ 領域 II 25, 26
P 68	丸棒 例後 1/3 39-40		R 7	頭 領域 II に保つ 25, 26
P 69	角板 例後 1/3 39-40		R 8	頭 領域 III に保つ 25, 26
P 70	角板 例前 39-40		R 9	脚の屈伸 25, 27
P 71	円板をはずす 22		R 10	尻を落とす 25, 27
P 72	円板をはめる 22		R 11	両脚 伸ばす 25, 27
P 73	はめ板 円板 回転 40		R 12	肘支持 頭上げ 25, 26
P 74	はめ板 全 例無 40-41		R 13	腕支持 頭上げ 25, 26
P 75	はめ板 回転 全 1/4 41		R 14	指で床を掻く 25, 26
P 76	入れ子 3個 41-42		R 15	片手首を上げる 25, 26
P 77	入れ子 5個 41-42		R 16	頭の布を除く 25, 26
P 78	折り紙 I 42-43		R 17	方向転換 25, 26
P 79	折り紙 II 42-43		R 18	四つ這い 25-27
P 80	折り紙 III 42-43		R 19	座位となる 25, 27
P 81・82	形の弁別 I 1/5, 3/5 44			
P 83・84	形の弁別 II 8/10, 10/10 44		**T**（立位の検査項目，standing）	
P 85	重さの比較 例後 2/2 44-45		T 1	体重を支える 23
P 86	重さの比較 例前 2/3 44-45		T 2	脚ではねる 23
P 87	5個のおもり 2/3 45		T 3	両手支持で立つ 23
P 88	四角構成 例後 2/2 45-46		T 4	つかまらせ立ち 23
P 89	四角構成 例前 2/3 45-46		T 5	片手立ち 玩具 23
P 90-93	模様構成 I 1/5, 2/5, 3/5, 4/5 46		T 6	つかまり立ち上がる 23
P 94-94 c	模様構成 II 1/3, 2/3, 3/3 46		T 7	座る 23, 24
P 95	玉つなぎ 1/2 47		T 8	つたい歩き 23, 24

T 9	支え歩き　両手	**23, 24**	V 3	4 数復唱 1/3	**90–91**
T 10	支え歩き　片手	**23, 24**	V 4	5 数復唱 1/3	**90–91**
T 11	一人立ち	**23, 24**	V 4 b	6 数復唱 1/3	**90–91**
T 12	歩く 2・3 歩	**33**	V 4 c	7 数復唱 1/3	**90–91**
T 13	両足跳び	**33–34**	V 5	4 数逆唱 1/3	**90–91**
T 14	けんけん	**34**	V 5 b	5 数逆唱 1/3	**90–91**
T 15	這い登る	**23, 24**	V 5 c	6 数逆唱 1/3	**90–91**
T 16	片手支持　登る	**34**	V 6	短文復唱 I 1/3	**91–92**
T 17	片手支持　降りる	**34**	V 7	短文復唱 II 1/3	**91–92**
T 18	手すりで登降	**34**	V 7 b	8 つの記憶	**92–93**
T 19	交互に足を出す	**34**	V 8	大小比較 3/3, 5/6	**93–94**
T 20	飛び降り	**34**	V 9	長短比較 3/3, 5/6	**93–94**
			V 10	美の比較	**94–95**, 102
U（仰臥位の検査項目，supine）			V 11	左右の弁別　全逆 3/3, 5/6	**95**
U 1	T–N–R 姿勢優位	**8**	V 12	左右の弁別　全正 3/3, 5/6	**95**
U 2	頭の側転優位	**8**	V 13	4 つの積木 1/3	**96**
U 3	腕の対称姿勢有	**8**	V 14	13 の丸　10 まで 1/2	**96**
U 4	頭を半ば側転	**8**	V 15	13 の丸　13 まで 1/2	**96**
U 5	腕の対称優位	**8**	V 16	数選び 3	**96–97**
U 6	頭の中央優位	**8**	V 17	数選び 4	**96–97**
U 7	寝返り	**12**	V 18	数選び 6	**96–97**
U 8	脚を上げる	**12**	V 19	数選び 8	**96–97**
U 9	両手とも握る	**9**	V 20	指の数　左右	**97**
U 10	両手を開く	**9**	V 21	指の数　左右全	**97**
U 11	両手を触れ合わす	**9**	V 22	5 以下の加算 2/3	**97**
U 12	身体に触れる	**9**	V 23	5 以下の加算 3/3	**97–98**
U 13	顔の布を除く	**9**	V 24	打数かぞえ 3/3	**98**
U 14	視線上で注視	**10**	V 25	釣銭 2/3	**98**
U 15	遅れて注視	**10**	V 26	20 からの逆唱	**99**
U 16	直ちに注視	**10**	V 26 b	算術的推理 2/3	**99–100**
U 17	追視 90°	**10**	V 26 c	時計の針 2/3	**100**
U 18	追視 90°以上	**10**	V 26 d	閉ざされた箱 3/4	**100**, 101
U 19	追視 180°	**10**	V 26 e	方位 2/2	**101**
U 20	腕の運動誘発	**10–11**	V 27	身体各部 3/4	**101–102**
U 21	両手を近寄せる	**10–11**	V 28	脱落発見 3/4	**102–103**
U 22	片手を近寄せる	**10–11**	V 29	脱落発見 4/4	**102–103**
U 23	すぐ落とす	**11**	V 30	指差し行動	101, **103**
U 24	掌を開く	**11**	V 31	絵指示 4/6	**104**
U 25	保持　3 秒程度	**11**	V 32	絵の名称 I 3/6	**104–105**
U 26	保持　5 秒以上	**11**	V 33	絵の名称 II 5/6	**104–105**
U 27	片手で降り鳴らす	**11**	V 34	絵の名称 III 3/6	**104–105**
U 28	両手に持つ	**11**	V 35	絵の名称 IV 5/6	**104–105**
U 29	自発的につかむ	**11**	V 36	絵の叙述 2/3	**105–107**
U 30	つかんで離さぬ	**11**	V 37	姓名	**107**
U 31	保持　1 分以上	**11**	V 38	性の区別	**107–108**
U 32	両手で振り鳴らす	**11**	V 39	硬貨の名称 3/4	**108**
U 33	身動き止まる	**12**	V 40	色の名称 3/4	**108–109**
U 34	表情の変化	**12**	V 41	色の名称 4/4	**108–109**
U 35	顔を向ける	**12**	V 42	日時 3/4	**108**
			V 43	日時 4/4	**108**
			V 44	書取	**109–110**
V（言語性の検査項目，verbal）			V 45	語彙　3 語	**110–111**
V 1	2 数復唱 1/3	**90–91**	V 46	名詞列挙	**112**
			V 46 b	60 語列挙	**112–113**
V 2	3 数復唱 1/3	**90–91**	V 47	三語一文 2/3	**113–114**

V 47 b	文章整理 1/2	**114–115**		V 52	語の差異 2/3	**120**
V 47 c	文章整理 2/2	**114–115**		V 53	語の類似 2/3	**121**
V 48	了解Ⅰ 2/3	**115–118**		V 54	3語類似 2/4	**121–122**
V 49	了解Ⅱ 2/3	**115–118**		V 55	3語類似 3/4	**121–122**
V 50	了解Ⅲ 2/3	**115–118**		V 56	反対語 3/5	**122**
V 51	語の定義 4/6	102, **118–120**		V 57	反対語 4/5	**122**

執筆者紹介 （執筆順）

中瀬　惇（編著者）
京都大学大学院文学研究科博士課程単位修得による中途退学
元京都光華女子大学短期大学部こども保育学科教授
執筆担当　編著者序文，凡例，日齢計算表の作り方
　　　　　第1章，第2章及び第3章の概説部分
執筆項目　第2章（1葉，2葉）
　　　　　　I 1～15, M 1～32, P 1～19, 30～64, 66, 71, 72, 99, R 1～19, T 1～11, 15, U 1～35
　　　　　第3章（3葉，4葉，5葉）
　　　　　　P 96, 96 b, 99～105, V 36, 48～50
写　　真　凡例，図2～8
　　　　　写真 2-1, 2-2, 2-3, 2-4, 2-5, 2-6, 2-7, 2-8, 2-9, 3-7
図　　版　図 3-1, 3-2, 3-3, 3-4, 3-5, 3-6, 3-7, 3-8, 3-9, 3-10, 3-11, 3-12, 3-13, 3-14, 3-15

西尾　博（編著者）
京都教育大学教育学科専攻科修了
甲南女子大学非常勤講師
執筆項目　第3章（3葉，4葉，5葉）
　　　　　　P 106～112, 114～123, V 1～7 b, 13～19, 42～44, 46～47 c, 52～57
写　　真　写真 3-1, 3-2, 3-3, 3-4, 3-5, 3-6
図　　版　図 3-16, 3-17, 3-18, 3-19, 3-20

岩知道志郎
京都教育大学教育学部教育専攻科卒
元京都市児童福祉センター青葉寮（治療係長）
執筆項目　第3章（3葉，4葉）
　　　　　　T 12, 13, 14, 16～20, P 20～29

清水里美
奈良女子大学文学部教育学科心理学専攻卒
平安女学院大学子ども教育学部教授
京都市保育園連盟発達相談員
執筆項目　第3章（3葉，4葉，5葉）
　　　　　　P 66, 68～70, 73～75, 78～84, 88～95 c, 124～127

小山　正
大阪教育大学大学院修士課程修了
神戸学院大学心理学部教授
執筆項目　第3章（3葉，4葉）
　　　　　　P 65, 67, 76, 77, 97, 98, 113, V 11, 12, 27～35, 37～41, 45

松下　裕
京都大学文学部哲学科（心理学専攻）卒
元京都市上京福祉事務所長
執筆項目　第3章（3葉，4葉，5葉）
　　　　　　P 85～87, V 8～10, 20～26 e, 51

新版 K 式発達検査反応実例集

| 2001年6月10日 | 初版第1刷発行 | 定価はカバーに |
| 2024年6月20日 | 初版第12刷発行 | 表記してあります |

編著者　中瀬　惇
　　　　西尾　博
発行者　中西　良
発行所　株式会社ナカニシヤ出版
　　　　〒606-8161　京都市左京区一乗寺木ノ本町 15 番地
　　　　telephone　075-723-0111
　　　　facsimile　075-723-0095
　　　　郵便振替　01030-0-13128
　　　　URL　http://www.nakanishiya.co.jp/
　　　　Email　iihon-ippai@nakanishiya.co.jp
　　　　印刷・製本／協和印刷株式会社

Printed in Japan
Copyright © 2001 by A. Nakase, and H. Nishio
ISBN 978-4-88848-648-4 C 3011

本書記載の写真図版，反応例の図版，反応例の表などは本書に限り掲載を許されたものです。したがいまして，これを転載することは一切禁じます。
また本書の一部あるいは全部を無断で複写複製（コピー）することは，法律で認められた場合を除き，著作権者および出版者の権利侵害となり，著作権法違反となりますので，その場合はあらかじめ小社に許諾を求めて下さい。